谨以此书献给侯国本先生百年诞辰

中华海洋学人系列丛书
BIOGRAPHY SERIES OF CHINESE MARINE CELEBRITIES

总主编　于志刚

传奇教授 侯国本

侍茂崇　纪玉洪 ◎ 著

中国海洋大学出版社
CHINA OCEAN UNIVERSITY PRESS

·青岛·

图书在版编目（CIP）数据

传奇教授侯国本 ／ 侍茂崇，纪玉洪著. —青岛：中国
海洋大学出版社， 2018.12

（中华海洋学人系列丛书/于志刚总主编）

ISBN 978-7-5670-1496-1

Ⅰ.①传… Ⅱ.①侍…②纪… Ⅲ.①侯国本—生平事迹
Ⅳ.①K826.16

中国版本图书馆CIP数据核字(2018)第279706号

传奇教授侯国本

出版发行	中国海洋大学出版社	
社　　址	青岛市香港东路23号	**邮政编码**　266071
出 版 人	杨立敏	
网　　址	http：//www.ouc-press.com	
电子信箱	2586345806@qq.com	
订购电话	0532-82032573(传真)	
责任编辑	矫恒鹏	**电　　话**　0532-85902349
印　　制	青岛海蓝印刷有限责任公司	
版　　次	2019年1月第1版	
印　　次	2019年1月第1次印刷	
成品尺寸	170 mm×230 mm	
印　　张	17	
字　　数	243千	
印　　数	1～1000	
定　　价	56.00元	

发现印装质量问题，请致电0532-88785354，由印刷厂负责调换。

铸造历史丰碑　弘扬海洋精神

——"中华海洋学人系列丛书"总序

　　海洋是生命的摇篮、风雨的故乡、资源的宝库，是人类赖以生存和发展的基础。世界上有超过60%的人口生活在沿海大约60千米的范围内，约占地球面积8%的海岸带向全球贡献出约1/4的生物生产力。人类发展所面临的一系列发展的重大课题，如人口、资源、环境等问题，都与海洋休戚相关。

　　我国是一个拥有1.8万千米海岸线的海洋大国，关心海洋、认识海洋、经略海洋，对于中华民族的伟大复兴，对于国家的繁荣昌盛和长治久安，具有重要的战略意义。海洋科教是国家海洋事业发展的强大支撑和不竭动力，开发海洋资源、保护海洋环境、发展海洋经济、维护海洋权益、建设海洋强国，必须依靠海洋科学技术和相关人才。

　　人类研究海洋的历史非常悠久，从世界范围来看，海洋科学的发展可以划分为三个时期：从史前到18世纪末海洋学建立以前，是海洋知识逐步获取和累积的时期；从19世纪到20世纪50年代，是海洋学的建立和发展时期；自20世纪50年代末以来，为海洋科学在全世界范围内向深度和广度发展的时期。我国的海洋科教事业，启蒙于内忧外患的清末，成长于20世纪中叶，快速发展于20世纪末及世纪之交。

　　1906年，我国第一个水产教育机构渔业学校在吴淞炮台创办；1909年上海高等实业学堂船政科创办。在此后的20多年时间里，直隶水产讲习所、江苏水产学校、吴淞商船学校、河海工程学校、山东水产讲习所、河北省立水产专科学校等水产与船舶工程类专门学校相继创办，开启了我国近代海洋高等教育的先河。1922年，海军部设立了海道测量局，开始进行海道测绘；1928年青岛观象台设立海洋科；1931年成立中华海产生物学会；1935年成立太平洋科学协会海洋学组中国分会；几乎同时，北平研究院动物研究所和中央研究院动植物研究所开始对海洋生物进行研究。

抗日战争期间，我国海洋科教事业几乎被迫中断。从1946年至1949年，厦门大学筹建了我国高校第一个海洋系和中国海洋研究所，台湾大学筹建了海洋研究所，山东大学筹建了第一个本科水产系和水产研究所、海洋研究所，复旦大学成立海洋组。这个时期，我国海洋研究从海边生物学拓展到整个海洋和水产领域。

中华人民共和国成立后，童第周、曾呈奎依托山东大学海洋研究所，于1950年8月创办了新中国第一个专业海洋研究机构——中科院水生生物研究所青岛海洋生物研究室（1959年扩建为中科院海洋研究所）；1952年，山东大学创办海洋系，创立了我国第一个物理海洋学科；同年我国第一所本科水产高校上海水产学院成立；1953年台湾海事专科学校成立；1959年山东海洋学院（中国海洋大学前身）成立，成为当时我国唯一的综合类海洋高校和海洋领域全国重点大学。

1977年12月，国家海洋局在全国科学技术规划会议上，明确提出了"查清中国海、进军三大洋、登上南极洲，为在本世纪内实现海洋科学技术现代化而奋斗"的战略目标。到1984年，我国已经建立起一支拥有165艘不同类型和不同用途的调查船队，总吨位约15万吨，居世界第四位。以这些调查船队为依托，我国的海洋科技事业开始走出中国近海，走向深海，走向大洋，走向极地。

进入新世纪，全球科技进入新一轮的密集创新时代，海洋科技向大科学、高技术体系方向发展，进入了大联合、大协作、大区域研究阶段；海洋调查步入常态化和全球化，海洋观测进入立体观测时代，并向实时化、系统化、信息化、数字化方向发展，为社会经济发展服务的业务化海洋学逐步形成；海洋科技向现实生产力转化的速度加快，不断催生海洋新兴产业。我国的海洋科教事业在海洋强国战略引领下蓬勃发展，综合性海洋大学已达六所。许多高校开设了海洋学科，与综合性海洋大学共同承担起海洋人才培养的重任，同时也在海洋研究领域取得了丰硕成果。

21世纪是海洋的世纪。站在人类历史发展新的起点上，我们有必要回顾近代以来我国海洋科教事业的发展历程，展望海洋强国战略的发展愿景，为一代又一代海洋人提供开拓前进的精神动力。

重温我国海洋科教事业的发展历程，我们感到骄傲和自豪，同时也引发我们对为国家海洋事业奉献毕生心血的教育家、科学家的敬仰之情。正是他们这些中国海洋科教事业的开拓者和引路人，前赴后继、不懈奋斗，才有了我国海洋事业今天的可喜局面。他们当中既有在中华人民共和国成立之前、我国海洋事业起步时期，投身海洋科教事业的老一辈海洋学家，如童第周、蒋丙然、朱树屏、张玺、林绍文、曾呈奎、唐世凤……也有中华人民共和国成立后，为我国海洋事业辛勤耕耘的海洋学家，如赫崇本、方宗熙、毛汉礼、文圣常、侯国本、冯士筰、管华诗、唐启升、束星北、张孝威……还有改革开放以后，耕耘海洋、砥砺前行的新一代海洋科学家，如麦康森、宋微波、吴立新、李华军、包振民、蒋兴伟等。他们是我国海洋事业的开拓者和杰出代表，谱写着中国海洋事业发展的瑰丽篇章。

建设海洋强国，需要一代又一代海洋人才的不懈努力。而上述这些中华海洋学人，用他们的爱国之心、报国之志、学术之功、品格之力影响和带动着我国海洋事业的发展，为今天的海洋事业从业者们树立了光辉的典范。讲好他们的故事、传播他们的事迹、弘扬他们的精神，激励海洋事业的后来人继续奋勇向前，成为我们海洋强国建设过程中一项十分重要的任务。

中国海洋大学出版社作为教育部主管、中国海洋大学主办的大学出版社，始终秉承"特色立社，文化引领"的发展理念，在做好海洋领域学术专著和教材出版的基础上，长期致力于海洋科普与海洋文化普及读物的出版，为弘扬我国优秀海洋文化、树立全民正确现代海洋观提供了有力的支撑。最近，海大出版社策划推出了"中华海洋学人系列丛书"，为我国海洋学界的著名学人树碑立传，通过传记的形式，记录他们精彩的海洋人生，褒扬他们将个人发展与祖国命运紧密关联的爱国情怀，弘扬他们献身海洋、报效祖国的崇高精神。这套丛书的出版，不仅将填补为中华海洋学人群体立传的空白，而且将对助推我国海洋事业发展、提升全民海洋意识发挥独特的作用。

愿"中华海洋学人系列丛书"成为更多读者的朋友！

中国海洋大学校长

2018年12月

序

侯国本先生是中国海洋大学教授，我国著名海洋工程专家，第七届全国人大代表。

侯国本先生治学严谨，教书育人，严于律己，深得学校师生的敬爱。他建立了海洋动力实验室，为国家海洋工程建设作出重要贡献，1978年获首届全国科学大会奖励。他创建了港口航道专业，为国家培养海洋工程人才。他创建《海岸工程》期刊，为海洋科技工作交流搭建平台。

侯国本先生关心国家经济建设和海洋事业发展，积极建言献策，表现出科技工作者强烈的爱国热情和责任感。他向国家建议建设的日照港，现已跻身全国十大港口。他建议在黄河口无潮区建设的东营港，现已成为近海油田开发的基地和对外开放口岸。他十分关心黄河的治理开发，多次考察黄河中下游地区，提出或完善了"束水攻沙""挖沙降河""治河必始于河口""建平原大水库"等治河方案，得到中央和地方的支持。方案实施后，保障了胜利油田的生产，发展了农副业生产，保证了城市的安全稳定。侯国本先生关心青岛市的建设和发展，他最关心胶州湾的保护和可持续发展，他的建议得到政府的重视并予以采纳。

"海纳百川，取则行远"，侯国本先生用自己的行动实践着我们的校训。他把自己的毕生精力都献给了祖国的教育事业和海洋开发事业，他对事业的科学态度和热情执着，永远值得我们怀念和学习。

中国工程院院士　　

2018年12月

目 录
Contents

他胸怀祖国，热爱人民，执着追求，献身科学。

他心胸坦荡，耿直不屈，不唯上，不唯书，坚持真理。

他为我国的海洋工程事业作出了卓越的贡献，尤其在日照港、东营港和胶州湾大桥的建设中，敢吼天下第一声，声震苍穹，书写了充满传奇色彩的人生华章，将高尚的人格永远镌刻在历史的丰碑上。

他就是第七届全国人大代表、中国海洋大学教授、我国著名海洋工程专家侯国本先生。

第一章

黄海之滨出少年

蔚蓝的黄海之滨，美丽的胶东半岛。

齐鲁名邑即墨的近海有一个海岛叫田横岛，岛上曾经发生了一个惊天地泣鬼神的悲壮历史故事，大画家徐悲鸿据此创作了传世名画《田横五百士》。

离田横岛不远的岸边，有一个古老的金口港。金口港开埠于明朝天启年间，至清朝乾隆年间，出现了通四海、达三江的繁华景象。

这里的人们年年岁岁耕海谋生，生生世世与海相依，血管里涌动着海的潮汐，生命中烙上了海的气魄！

一、人才辈出古村落

金秋时节，沿着青石古巷走进侯家滩村——这个坐落于山东省青岛市即墨区金口古港旁边的古村落，一座座老宅便立即跳入眼帘，让你仿佛穿越到数百年前的明清时代。

明末，侯姓从外地迁来此地，立村于黄海海滩之南，取村名侯家滩。清同治《即墨县志》标有此名。距今已有300多年，而村中一棵230余年树龄的国槐树，则见证了村庄的发展和兴盛。

村庄至今仍保存着好多错落有致的清代古民居，这些古民居大都有着200年以上的历史，但大多数仍保存完好，至今还有人居住。古民居上的"瓦脊""鸱吻"非常精美，大门上的"门当""户对"也格外别致，置身于幽深古巷中，一股历史沧桑感油然而生。

据史书记载，侯姓人世代煮盐为业，迁来此地后，继祖业而煮盐。侯氏家族在此煮盐，极大促进了金口港商业的发展。至今侯家滩东北海滩，依旧有侯家人立灶煮盐遗址。

⊙侯家滩煮盐遗址

侯氏家族曾为金口最为显赫的望族之一，侯家滩村的古民居，好多为清代乾隆、嘉庆年间侯氏富豪所建。如侯受瓒自诩满门书香，门上匾额为"翰苑清华"；侯守璠家有节妇，门上匾额为"志矢柏舟"。

值得一提的是，清代侯家滩侯姓出过太学生58人、庠生8人、贡生2人、举人2人、武进士1人。有17人为官出仕或受朝廷褒封褒赠。可见，金口侯氏家族人才辈出。

公元1919年1月25日，农历戊午年腊月二十四，侯家滩村到处洋溢着一派忙年的景象。

忽然，一户人家的院落里传出了啼哭声，一个男婴呱呱坠地。男婴的父亲叫侯执梓，母亲为侯仲氏。夫妇二人共育有四男四女。新生婴儿为三子，按宗谱取名侯立初。

此时虽是冰天雪地的时节，但侯家上下都因这个小生命的到来而欣喜不已，忙得不亦乐乎。

这个男婴长大上学时，老师见他勤奋好学、上进心很强，又给他取名

⊙侯家老宅

侯国本，希望他将来成为国家的栋梁之材。几十年后，侯国本用卓越的成就实现了老师的愿望，成为"敢吼天下第一声"的著名海洋工程专家。

侯家世代以务农为主，侯执梓立家时有四十几亩地，靠勤于农作，持家有方，过上了小康生活。侯执梓在金口镇上还经营着一家小杂货店，卖渔农用具、干咸海品、日用百货，生意也算不错。

不过不幸的是，侯执梓因病过世较早。好在，侯国本的母亲侯仲氏是一位很要强也擅长治家的女人，她接过了丈夫的担子，起早贪黑地忙碌着，操持着家业和家务，使一家人的生活依然过得有模有样。

然而，1937年"卢沟桥事变"爆发后，大量日寇集结青岛，一时间青岛局势危急起来。"车马群趋码头与车站"（老舍语），车票、机票、船票陡然紧张，青岛居民纷纷外逃，青岛渐成"孤岛"。

侯家滩村虽然在青岛郊外，但村民们也是时常受到惊扰，商人闭户，农民疏耕。此时，侯家的家境也是举步维艰，个别子女还提出了分家的想法，想分家后各自外出逃难。

但侯国本的母亲很有主见，性格也很刚强，她坚持不分家，一个人艰辛地操持着家业，再苦再累也绝不向困难低头。这种日子一直维持到中华人民共和国成立前夕。中华人民共和国成立后，侯家的生活总算安定下来。

侯国本兄妹八人，唯独他读了20多年书，他感谢父母的支持，为他提供了良好的受教育的机会，是读书引导他走出了家门。特别是母亲的性格对他后来的学习和工作产生了深远的影响。

二、古港种下未来梦 🐾

即墨金口港位于黄海之滨丁字湾西岸,是一处天然的避风良港。金口镇旁边的五龙河为即墨和莱阳的界河,港口货物往来涉及即墨、莱阳两地,从五龙河可达内地,还有陆路相通,与山东贸易重镇潍县和周村遥相呼应。金口镇位于胶莱平原的边缘,便于修建仓库。

明朝天启年间,金口港开埠。至清乾隆年间,金口港日臻兴盛,出现了通四海、达三江的繁荣景象,南客北旅,往来不暇,每天进出港的船只上百艘。那里留存至今最著名的建筑是天后宫,天后宫建于清乾隆三十三年(1758年)。其规模之宏大,建筑之精美,庙产之丰富,为我国北方之最,从一个侧面反映了当时金口港经济的繁荣。

⊙金口天后宫

明清时期，侯家滩村曾居住过大量的商贾，这些富商的后代有许多为官者。所以，侯家滩村的兴盛，和金口古港有着直接联系。这里的人们年年岁岁耕海谋生，生生世世与海相依，都能吃苦耐劳。

侯国本家的老屋北边和西边是两座小山，屋前有流水、石桥，院子里还有大槐树。侯国本的童年就是在这样一个青山绿水环绕的地方度过的，放牛，割草，粘知了，捉蚂蚱，摸泥鳅，有田园野趣相伴，他快乐地成长着。

因为家庭条件较好，所以幼时他就进入了家乡的一所私塾读书。在同龄人中，他是天资最聪睿的一个，又加上勤奋好学，所以很快成了私塾里的佼佼者。

父亲在金口镇经营着一家小杂货店，家里用的洋油、洋火、洋布、洋面，甚至油盐酱醋，过年的楹联、爆仗都来自那里。所以，他年幼的心灵里，金口一直是很向往的地方，总想着有一天到金口去看看。

童年时的侯国本有两个很要好的"小伙伴"——小黑和小黄——两条与他形影不离的小狗。

侯国本生性中有一股敢想敢为的劲。一天，他瞒着大人，带着这两个"小伙伴"——小黑和小黄，一溜小跑沿大路奔去。从侯家滩到金口有十几里路，他早已打听好，只有这一条大路把两地相连。

一会儿他就跑不动了，路上行人极少，间或遇到几个推小车的，牵着牲口赶路的，人家都超过了他，且越走越远。走走停停，停停走走。回去？想了又想，还是往前走吧。

不知走了多久，发现路上的人渐渐多了起来，路两旁也有房子了。有的房门开着，门前还摆着小摊，五颜六色的东西很多。小小年纪的侯国本隐约从路人的口中得知，这里就是金口了。

侯家的小店在哪儿呢？他心里想着，却不敢问人，有的摊子前并没有人，但也不敢停下看。侯国本沿着金口街里的店铺来回走了两趟也没找到，饥渴难耐，欲哭无泪。

恰在此时同村的熟人发现了他，把他送到其实就在眼前的侯家小店，见到了亲人，他放声大哭。父亲举起的手又放下了，问清了原委，只在他肩上拍了一下。那一刻，父亲一定在心里说："好小子，你真行！"

吃饱喝足，睡了一觉。第二天，他在小镇上来回走着，看着。镇上五颜六

⊙金口古港

色的东西，让他眼花缭乱。他感觉，这里比侯家滩村"繁华"多了。为防母亲担心，父亲让他跟着顺道的同村人回家了。

有了第一次"冒险之旅"，就有第二次、第三次……金口真是太有魅力了，在这里，他认识了更多的人，听到了更多的事，第一次看到了报纸，知道了还有即墨县城，还有更大的城市青岛、济南。特别是，在这里他见到了大大的轮船，感受到了大海的辽阔，或许就在此时，他幼小心里种下了一颗梦想的种子。

渐渐地，侯国本对私塾先生反复讲的诸子百家、四书五经、《菜根谭》、三国等内容的兴趣淡了下去，总是想象着金口港里那些大大小小的船只驶向的远方世界会是个什么样子，神往着有一天能够到外面的世界去闯一闯。

宗族中的堂姐堂弟要到即墨城去念书了，侯国本嚷着也要去。父亲念他一心想读书，家里又不缺劳力，也希望家里能出个秀才，就爽快地同意了；母亲虽说有些舍不得，但是对他想读书的想法也是很支持的。

几十年后，已经在大学任教的侯国本对子女谈起这件事时，不胜感慨地说："真得感谢你们的爷爷奶奶啊，若不是他们让我接受了良好的教育，到外面见了更大的世面，就不会有今天的我啊。"

第二章

求学之路多艰辛

从小学到初中，到高中，再到大学，侯国本在困境中求学，在艰难中成长，艰苦的环境改变不了他求学救国的信念。多年的熏陶，铸成了他积极向上的人格。

一、新学引领人生路 🦋

辛亥革命前后，即墨开始废旧学，兴新学。

有一位叫高焕章的即墨籍人士弃官回乡，立志兴办教育事业。1912年秋，他倡议成立了即墨县立高等小学校，并任校长。学校除开设现代文化课程外，还开设体育、音乐、美术等课程。他自编了《体操歌》，教学生唱。歌词是："君不见，铁血世界枪炮林，白面欧人称铁汉，短小日本反精神，藐我黄帝文明胄，老大病人。咳！相逼何太甚！挺起脊梁站定脚，撑开眼界放平心，豪杰要练豪杰志，英雄要壮英雄身。刘备马上叹髀肉，陶侃百甓运动勤，况我健强分子，日受体育注重军国民。好男儿，中华军。"与此同时，他还在即墨乡下青中埠村筹办了壮武男、女小学各一处，并亲自为学校大门题写了"本中西教育学理，为国家培养人才"的对联。后来，高焕章任即墨县劝学所所长。他四处奔走，筹措经费，设立学校。

正是在一批像高焕章一样的有志人士的努力下，即墨的新式教育渐渐发展壮大起来了。

1932年，侯国本到了即墨劳山书院学习，开始接受现代教育。

⊙即墨考院

1934年4月，劳山书院更名为即墨县立考院街小学。

考院街因街东段有清朝科考童生的考院而得名，考院街西头是清朝参将署旧址所在。考院街小学是应时运而生的，设初级班、高级班，学生入学不限年龄、学历。当时在即墨本地颇负盛名。

侯国本天资聪慧，加上勤奋好学，在考院街小学上学期间成绩自然是名列前茅。

1937年，侯国本从即墨考院街小学毕业，如愿以偿考入了青

⊙青岛礼贤中学

岛私立礼贤中学初中部。礼贤中学1900年由德国传教士卫礼贤创立的"礼贤书院"发展而来，是青岛历史最长的一所教会中学。学校实行"中学为体，西学为用"的办学方针。该校在抗日战争前夕是青岛私立学校中规模最大、教育水平最高的一所中学。

侯国本在这里上学没多长时间，因日本侵华战争，学校被迫停课了。他只好去即墨县立信义初级中学借读。信义中学是德国柏林基督教信义会于1904年创办的，1925年在即墨翠英书院重建，现为即墨一中。

1940年，侯国本信义中学初中毕业，又考入青岛私立礼贤中学高中工科部。礼贤中学高中工科部除学习国语、英语、物理、化学等课程外，还开设房屋工程学、测量学、力学、机械原理、工程绘图等课程。三年中，不但要学完高中的全部课程，还要学习工程科的基础课和专业课。学习时间异常紧张，经常天黑了还在上课，每晚写作业到深夜，星期天也不得休息，必须继续自习。

那时候的生活条件还是比较艰苦的，穿的是布衣棉袍，吃的是杂粮混

合面，20多岁的小伙子饭量大，伙食油水少，经常吃不饱，一包花生米、一瓶虾酱都算是改善生活了。那时，侯国本一门心思用在读书上，对吃穿全不在意。

侯国本苦中求知，礼贤的教风、学风使他受用终身，而且正是礼贤中学三年，让他爱上了工程技术这个专业，对他以后的人生之路产生了深远的影响。

1943年，侯国本以优异成绩从礼贤中学毕业。当时，国家内忧外患，社会动荡不安，民不聊生。侯国本目睹着这些状况陷入深思，国家要富强，人民要过上好的生活，是离不开工程建设的，他决心继续深造。

二、负笈西北勤学苦

　　侯国本曾经心仪的大学是位于青岛的国立山东大学。但是抗日战争爆发后，国立山东大学被迫由青岛迁往安徽安庆，不久又迁至四川万县。

　　高中毕业的侯国本思索再三，横下一条心，决意西去求学。那时，他已经成家，并且有了孩子。妻子宋淑英生于1914年6月，即墨丰城镇南颜武村人，家境富裕。她豁达、坚忍、勤劳、友善，与侯国本相伴了一生，总是默默地支持着他的事业。妻子虽然文化水平不高，但她深明大义，具有大家风范。1943年侯国本西去求学时，妻子和孩子一起生活在大家庭里。媳妇要轮流做饭，伺候婆婆，即便生儿育女期间活儿也不便少干，推磨、担水、做饭，临产时丈夫也不在跟前。爱人的豁达明理、勇于担当，侯国本一直很感激。

　　那时正值抗日战争最艰难的时期，所以侯国本离家出行的那一天，妻子和孩子的心里充满了不舍与担忧，老母亲更是老泪纵横、泣不成声。

　　他从青岛坐火车先到了徐州，然后去了安徽的阜阳，又从阜阳坐船到了河南的周口，再步行到了驻马店，从驻马店又步行到了洛阳。几经辗转，最后到达了陕西的西安。

　　在那战乱的年代，西去求学绝非易事，一会儿是日伪区，一会儿是国统区，一会儿是抗战区，大路颠簸，小道崎岖，艰险不断。火车停开就乘汽车，公路阻断就走水路。有时候一人独行，有时候结伴同行，曾肩挑手提着行李行走，也曾租个毛驴驮着行李步行，还曾凑钱买了辆独轮车推着走。路经江苏、安徽、河南地段时，不时遇到路卡强行搜身，到达西安时，侯国本随身携带的钱物已所剩无几。

真是一路走来一路艰辛，但险恶的环境一点也没有阻挡他求学的信念。

侯国本在西安参加完大学的录取考试后，找到了山东同乡会，得到了一点资助，又赶往陕西汉中的城固参加考试。

汉中是当时陕南最大的城市，向东70里是城固县城。城固建城于秦末汉初，早在楚汉相争时就闻名于世，萧何、樊哙都是城固人，汉王城、霸王寨、张骞墓都在这里。汉水流经此地，土地肥沃，气候温暖，民风淳朴。

1937年9月10日，以西迁的北平大学、北平师范大学（今北京师范大学）、北洋工学院（今天津大学）和北平研究院等院校为基干，设立了西安临时大学。1938年3月，日军侵占了山西风陵渡，日机频繁轰炸关中地区，西安常受敌机侵扰，西安临时大学只得迁往汉中。

1938年4月3日，西安临时大学改名为国立西北联合大学。当年西北联大聚集了全国500多名教授，与在昆明的西南联大南北相映。

1938年6月，国立西北联合大学被撤销。同年7月27日，教育部令北平大学工学院、东北大学工学院、北洋工学院和私立焦作工学院（今中国矿业大学前身）合并组成国立西北工学院，校址确定在陕西城固县古路坝。国立西北工学院设土木工程、矿冶工程、机械工程、电机工程、化学工程、纺织工程六系。

抗战胜利后，各学校（院系）部分师生相继迁出，但国立西北工学院主体尚存。中华人民共和国成立后，国立西北工学院改称西北工学院。1957年10月与西迁的华东航空学院合并为西北工业大学。

⊙国立西北工学院

侯国本顺利通过考试，进入国立西北工学院学习。

因为是临时搬迁过来的，所以当时学校的办学条件十分简陋，教室是泥土筑成的，更谈不上有像样的图书馆和实验室了。

课本也严重不足，常常是几个人甚至十几个人共用一本教材。

教师上课经常没有粉笔了；学生自制了笔和墨，记笔记，写作业。

没有电，上晚自习时，学生用蜡烛和自制的油灯照明。

学生宿舍是竹片泥巴墙搭成的简易房，睡的是双层大铺，夜间躺在床上，透过屋顶的缝隙可以看见星星和月亮。宿舍里没有桌椅，学习都要到图书馆去，每天早上，图书馆的门口都等着许多学生，门一开大家就拼命挤，先占座位，再挤到台前去抢书。

遇到下雨天，上课、吃饭，甚至睡觉都得撑着雨伞。

因为物资短缺、物价飞涨，学生们都身着补丁服，脚穿烂草鞋。每天只吃两顿饭，吃饭时经常是八个人围着一小盆白菜汤，菜里很少能见到油星儿和肉渣儿。

环境的恶劣阻挡不了侯国本求学救国的信念。他苦中作乐，如饥似渴地汲取着知识的营养；他经常在图书馆里一泡就是半天，有时在教室里钻研问题会通宵达旦。

在这里，他得到了李书田、周宗莲、田鸿宾等教授的谆谆教诲。祖国的大江大河、五湖四海，祖先的治水攻略，百姓的靠天吃饭祈求风调雨顺，花园口的决堤，举世闻名的水利工程，等等，侯国本日读夜思，遐想这些事件的因果关联。尧舜时代，鲧用"障水法"治水，历时9年未能平息水患，被杀于羽山；禹总结其父治水失败的教训，改以疏导为主，利用水向低处流的自然趋势，疏通了九河，平息了水患。岷江水患长期祸及西川，鲸吞良田，侵扰民生，秦蜀郡太守李冰修建都江堰，使蜀国发展成天府之国；北宋欧阳修第一个提出了黄河口淤积问题；近代水利专家李仪祉等的卓越功绩，诸多古训都牢牢记在侯国本的心里。

国立西北工学院的校训是"公诚勇毅"。"公"，即公为天下、报效祖国；"诚"，即诚实守信、襟怀坦荡；"勇"，即勇猛精进、敢为人先；"毅"，

⊙1947年国立西北工学院水利系毕业照（第三排右一为侯国本）

即毅然果决、坚韧不拔。"公诚"定为人的处世准则，"勇毅"明探求真理的精神，表达了为国家富强和民族复兴不懈奋斗的赤子情怀。侯国本在这样一种积极向上的大学文化的浸润下成长着。

1947年，侯国本从国立西北工学院水利工程系毕业了，论文成绩优等，获得了工学学士学位。四年的熏陶，铸成了他积极向上的人格。

第三章

走出校门初告捷

　　在三门峡鬼门截流模型试验中，侯国本提出"管柱截流法"，使三门峡截流获得重大成功，为黄河其他工程的截流提供了宝贵经验，为我国水利水电工程建设立堵截流技术开创了新的局面。

一、苦干治淮大会战

　　毕业后，侯国本和其他学子一样带着"教育救国""科学救国"的理想，怀着"献身工程界，克服当前之千万困难，为母校争光"的信念，踏上寻梦之路。抗战虽然胜利了，但国尚不安宁，民不聊生，中华人民共和国成立前的西安只有59万人，失业者高达17万人，一群学子踏上的竟是报国无门的求职路。

　　他们沿陇海铁路东去，再转津浦铁路南下，一路所见，残墙断壁，满目疮痍。最终在学友的帮助下，侯国本在南京水利部谋得实习生一职，后又被派到在上海吴淞口的联合国救济署仓库工作。

　　孔子曰，人生"三十而立"，此时，侯国本已近30岁了。回想这十多年的求学路，坎坷艰辛，离别家中妻儿老母，未尽义务；踌躇满志，且报国无门，想到此他潸然泪下，决意回家看望亲人。在回青岛的轮船甲板上，面对浩渺大海，回顾往事，猜测家人现状，设想未来，思绪混乱，心情亦乱。

　　老家地处解放区和国统区之间，"拉锯战"使这一带的民众生活极度困难，精神极度恐慌。侯国本的妻子以惊人的胆略，带着婆婆和一双儿女，在不大的区域内反复逃难，甚至是要饭求生。

　　侯国本1948年回到青岛，几经转辗终于找到他们，此时此刻，相逢的场景不言而喻，惊怵、震撼，家眷已无泪，儿女都不认识他了。面对这一切，侯国本深深体会到求学之难已不足挂齿，作为丈夫，作为男儿，家依国而存，匹夫职责，报恩待时。

　　1948年，在一位前辈的推荐下，侯国本进入位于青岛的国立山东大学工作，在土木系任助教，开始步入高等教育事业。

1949年，中华人民共和国成立了，百废待兴。侯国本感到回报国家、效力祖国时机到来了。他把所有精力倾注到工作中，做助手、带学生、搞研究，整天忙得不亦乐乎。他还努力学习了俄语，很快便能翻译资料。

1950年，侯国本主动请缨参加了淮河治理大会战。

⊙国立山东大学土木系治淮工作队留影（前排右二为侯国本）

淮河，全长1000多千米，中国七大江河之一。古代，与长江、黄河、济水并称"四渎"。1949年和1950年，淮河流域连续发生了严重水灾，堤防多处决口，给人民的生命和财产造成重大损失，"不少是全村沉没"，而且"今后水灾威胁仍极严重"，党中央在抓紧抢险救灾的同时，及时作出了全面治理淮河的部署。1951年5月15日，毛泽东在授予治淮委员会等单位的锦旗上题词："一定要把淮河修好。"

在治淮第一线，侯国本不畏肩挑重担，既当技术员又当工人，风里来雨里去，为治淮工程贡献了自己的汗水和智慧。1953年，他荣获了"一定要把淮河修好"纪念章。

⊙ "一定要把淮河修好" 纪念章

侯国本先生的大女儿在怀念父亲时写道——

记得1950年，那时我只有12岁，只读过三年书，淮河在什么地方都不知道，家中的生活采购全靠我了。走前父亲领着我到山东大学工学院的财务科见过会计，以后每月我去领工资。父亲走后，每换一个地方就给家里来封信报平安，信中夹着一个写好地址、贴好邮票的信封，这样我就可以给他回信，报告家中的情况。1953年底父亲因事提前返校，行李由同事帮忙寄回家。我们收到一个很大的麻袋，打开一看全是资料、书和穿过的十几双破布鞋。唯一的好东西就是一个小红盒子，里面装着由毛主席题字的"一定要把淮河修好"的纪念章。奶奶和母亲翻看那十几双鞋底、鞋帮都磨破的布鞋，泪流满面。穿破这么多布鞋，要走多少路，干多少活。自此以后我改变了对父亲的看法，他不只是绷紧着脸，令人惧怕的父亲，还是能够战胜种种困难为国家作出贡献的人。父亲一走就是三年，回来连一次团圆饭也没有吃就又走了。

1952年后，因院系调整和国家需要，他服从调动，先后辗转多所高校工作。1952年，到青岛工学院水利系任讲师，筹建青岛工学院水力学实验室；1956年8月，奉命调到西安动力学院，任水利系讲师，参加了水力学实验室的建设工作，实验室完成了汉江石泉水电站等大型水利工程的模型试验，汉惠农业灌溉渠的水利枢纽模型试验；1957年，又到了西安交通大学水利系任讲师，后来又去了陕西工业大学工作。

这期间，他还参加了佛子岭水库、梅山水库、官厅水库、小丰满水电站等工程的建设工作，在祖国广阔的天地里挥洒着青春和热血。

二、"腰斩黄河"立大功 🐙

　　1953年，在苏联援助下，我国启动了根治黄河工程。1954年4月，黄河规划委员会选定三门峡水利枢纽为黄河综合利用的第一期重点工程，期待综合解决防洪、灌溉、发电等方面的问题。1957年，三门峡水利枢纽工程正式开工。

　　那时，侯国本已经调入西安交通大学工作。他在西安工作的七八年正好是我国经济困难时期，一家七口人，全靠他一个人的工资生活，根本吃不饱。侯国本在那几年体重由一百五六十斤瘦成了百余斤，人们见了他都不敢认了。

　　侯国本当时是三门峡水利枢纽工程专家组成员，又在学校承担三门峡水库试验工作，他基本上是在三门峡水库和西安实验室两头跑，把整个心血都倾注在三门峡水库上。

　　那时，在学校搞三门峡工程研究的还有苏联专家，可就在三门峡工程建设进入关键阶段，苏联背信弃义，突然撤走了专家，把一些主要的图纸、数据等资料带走了，带不走的就在实验室里烧毁。

　　当时，我国对苏联专家过于信任，对一些规定也过于迁就。例如：中国工程技术人员进出实验室，必须征得苏联专家的同意；装有图纸资料柜子的钥匙，由苏联专家控制；开研讨会时，不准中方人员现场记录，等等。中国人在自己的土地上搞建设，中国人不能做主，名为保密，实为别有用心。

　　那天，当侯国本从三门峡返回学校的实验室时，先是发现门口的警卫撤走了，推门进去，里面早已人去屋空。映入他眼帘的是一片狼藉，实验室的水池里有大片黑成一团一团的灰烬。

如雷轰顶的侯国本，一下子瘫坐在了地上，久久没能站起来。多年来，侯国本为之倾尽心血的事业，就这样化为乌有，他怎能不心痛啊！当夜，侯国本辗转反侧，难以入睡。第二天早起后，他的头上竟然平添了根根银丝。

幸亏侯国本有个好习惯，这些年来，每日工作结束，晚上回到家，他都会对当天的工作内容做个追记，从未中断，坚持下来竟有了三四万字的笔记。他认真梳理了这些资料，协助工程继续

○三门峡水库建设现场

进展下去，得到党和政府的高度赞扬。

三门峡水库建设，截流是关键。汹涌的黄河水，截断它谈何容易，专家组几易截流方案都被论证否决，就连苏联专家也束手无策。

早在水利专家田鸿宾教授主持的三门峡鬼门截流模型试验中，侯国本就提出了"管柱截流法"。截流方案经反复试验，取得重要的成果，引起各方的重视。三门峡工程指挥部去学校考察参观，决定按试验所得成果进行施工准备。

当工程开始实际截流时，他又参加截流水文观测，为截流指挥人员提供重要数据，指挥截流。由于铁桩密度大，石头就不会被洪流冲走，达到了截流的目的，把奔腾咆哮的黄河拦腰截断，像一条钢铁的锁链，缚住了黄河的脖子，使有史以来桀骜不驯的"黄龙"，为人民所利用。

1958年，三门峡截流获得重大成功，为黄河其他工程的截流提供了宝

贵经验，为我国水利水电工程建设立堵截流技术开创了新的局面。人们对截流成功的喜悦难以言表。当年中秋节，周恩来总理亲切接见了侯国本等三门峡工程建设有功人员。

苏联背信弃义这件事给中国经济造成巨大损失，大家下定决心，自力更生要靠中国人的力量，治理好黄河。从此侯国本就和治理黄河结缘，抓住一切机会宣传治黄的重要性，研究治黄的方法。

1958年，他参与了黄河盐锅峡截流试验。

1959年，他参与了黄河刘家峡截流试验。

1960年，他参与了三门峡高压隧洞泄流试验。

1961年，他参与了陕西汉江石泉水电站模型试验。

第四章

情定海大事业兴

中国海洋大学是国内研究海洋科学和海洋工程的最高学府，在这里，海洋动力实验室、河口海岸带研究所、《海岸工程》季刊、海洋工程专业课程，侯国本都倾注了满腔的心血。

一、三下西安挖来的水利专家 🐛

1962年，侯国本到北京出席国务院召开的"中国科学十二年规划会议"时，在火车上与山东海洋学院教务长、中国物理海洋学奠基人之一赫崇本先生偶遇。

赫崇本先生认为："中国有漫长的海岸线，有丰富的海洋资源，可是我国现在是有海无疆，海防支撑力量严重不足，无法满足未来海上战场建设的需要。究其原因，海洋科学和海洋教育落后是一个重要因素。"赫先生的梦想是，构建一所亚洲第一，专门从事海洋教育和海洋科研的大学。赫先生介绍了学院科研试验的建设规划："东方红"海洋调查船、海洋动力实验室、八关山气象台、海水厂、养殖场……赫先生对海洋工程发展前景的描绘和期望，深深地打动了侯国本。这一次偶遇，竟成就了侯国本和海洋工程一生的情缘。

因为在三门峡工程建设等方面作出的业绩，侯国本已是声名远播。所以，两人一见面，爱才心切的赫崇本先生就对侯国本说："侯先生，1952年一别，10年过去了。山东大学迁往济南之后，留在青岛的六个系和直属教研室，组建了山东海洋学院。学校现在准备建海洋动力实验室，你是学工的，希望你能回来参加动力实验室的筹建工作。"

青岛是侯国本深爱着的家乡，他又曾在国立山东大学工作过一段时间，一直对山东大学怀有很深的感情。所以，他爽快地答应了赫先生的邀请。

赫崇本先生回到学校之后，立即向学校党委写报告，建议将侯国本调到山东海洋学院。经党委同意后，这件事交由刘中华去办理。

侯国本当时在陕西工业大学任教。刘中华第一次去西安，大约在1963

年，这次是持学校商调函，直接找该校领导面商。侯国本当时正在主持该校大型水利实验室的工作，并多次参与黄河水利工程研究，已是名望很高的水利专家了。陕西工业大学的答复是"没有商量的余地"。

碰壁之后，赫先生并没有泄气，接着写报告请教育部支持并签发调令。经教育部批复，刘中华持调令二下西安，结果仍不能如愿。该校认为，此举是山东海洋学院挖陕工大的墙角，刘中华根据教育部调令再三陈述，调侯国本事关海洋科学发展的大局等，请予以支持，该校领导仍断然回绝。

二次碰壁后，赫先生说：为了人才，三请值得。于是仍由刘中华持教育部调令，三下西安。1964年，这次刘中华改变了路线，直奔陕西省委舒同书记处。

舒同是中华人民共和国成立后山东省的第二任省委第一书记，1963年3月调任陕西省委书记处书记，负责文教口工作。他也是大书法家，改革开放时期为海大图书馆题写馆名，就是由刘中华负责联络操办的。

刘中华与舒同的秘书许汝洲，曾有一面之缘，经他的帮助，顺利拜访了舒同书记。在舒同的接待室里谈了一小时许，舒同耳闻了许多山东方面以及山东海洋学院的情况，而后批示陕工大：中央既有调令，应该放人。这样，陕工大不再拒绝，这件事终于大功告成。

后来，"文革"时期，校园里贴出了"刘中华三下西安聘请资产阶级学术权威"的大字报，说的就是这个事。这也成为学校党委和赫崇本"资产阶级办学路线"罪状之一。现在看来着实可叹可笑啊！

鲁南大港辩论结束之后，侯国本为学校赢得了很大的荣誉，有人对赫崇本说，现在看来您为侯国本担了那么大的风险是值得的，赫先生说："我当时想的没有那么多。要筹建动力实验室，就得有工程专家，侯先生是一位很有思想、很有抱负的人，我就看上他这一点！"

后来，侯国本在回忆文章中这样写道：

"1950年，我在山东大学认识了赫先生，以师长待之，因为他的学识德行，我衷心地敬爱他。1952年我离开山大，直到1962年参加'中国科学

⊙山东海洋学院校门

十二年规划'时，我才又见到了赫先生。当时他恳切地邀请我参加海洋动力实验室的筹建工作，我立即答应了，因为我能在赫老师的身边工作，感到终生为荣。即便是我在工作不顺利的情况下，也都是自觉地克制，千万不要给赫先生造成负担。在我的工作中，每当我想起赫老师，总是感到他给了我工作的力量。"

1964年8月，侯国本终于调入了山东海洋学院，回到了他阔别8年的家乡。在这所我国海洋科学领域的最高学府里，侯国本历任讲师、副教授、教授，讲授"流体力学""水力学""工程水文学""河流动力学""海岸动力学""海岸工程学"等课程，开始了他人生辉煌的起点。

在这里，他教书育人，严谨治学。讲授中，他引举国内外工程事例，传授个人丰富经验，帮助学生增强工程意识，树立为国家经济建设服务的意识。他为人师表，事必躬亲，做事一丝不苟。

在实地考察、科研试验中，他尊重客观事实，对数据务求真实、准确，他不畏风浪，不怕艰辛，和青年教师一同下海、下河，经常长时间站在试验水池里工作，受到青年教师的敬佩。

他淡泊名利，善待青年教师，为其提供机会助其进步；他衣食俭朴，却能慷慨解囊，助人为乐。无论教师还是工友，无论是本校还是校外的，无论是工作还生活上，他都尽力给予最大的帮助。

二、建起一流"海洋动力实验室"

侯国本调到山东海洋学院后，在学校的支持下，立即投入到海洋动力实验室筹建工作中。那时，侯国本非常忙，每晚都工作到深夜，孩子们睡了一觉，看到他屋里还亮着灯。

1964年12月14日，山东海洋学院呈文高教部，申请筹建海洋动力实验室，并提交了设计任务书和经费预算草案。

动力实验室最初拟建在青岛市市南区，在登州路、大学路和阴岛路（现更名为红岛路）包围的区间，学校木工厂、印刷厂以北，青岛山泄水大沟以西（此地现已建成红岛路教工宿舍）。

根据地势环境的特点，实验室规划依山建在三个阶梯上，即动力实验室在高程52米处；海流实验室在高程43米处；风浪实验室在高程38米处。同时配套建设研究室、仪器室300平方米，动力间及水库500平方米。

1965年11月，山东海洋学院海洋地质系就动力室选址的地质状况形成《海洋动力实验室工程地质简报》。报告同意动力室的选址，并标出了应注意的事项。

1966年3月7日，动力实验室建设方案形成。主要设施有：

风浪槽（大）：1.2米×1.2米×11.6米（宽、高、长）。

风浪槽（小）：0.8米×0.8米×91.6米（宽、高、长）。

海洋动力平面水池：20米×57.2米×1.2米（宽、长，深）。

动力地貌平面水池：20米×23.4米×1.0米（宽、长，深）。

水库：直径12米，深8米，容量800立方米。

泥沙研究活动水槽：0.5米×0.5米×16米（宽、高、长）。

渔具研究风洞：直径0.8米，长12米。

1966年，史无前例的"文化大革命"开始了，此方案也就终止了。

1968年11月20日～1969年1月，侯国本和全校师生一起去山东省文登县泽库公社，接受贫下中农再教育。

1969年12月25日～1970年8月6日，侯国本和全校师生又一起下放到了山东省日照县丝山公社。

那时一些大型工程和援外工程急需进行水工动力试验，先是青岛北海船厂来人求援，要求进行模型试验，不然工程无法进行。侯国本心急如焚，虽然"斗批改"的势头已过，"反动权威"的帽子已无人理会，但是动力实验室仅仅是在规划筹建中，人员、场地、设备尚无着落。

1970年，侯国本考虑到北海船厂任务的急迫和信任，应交通部设计院的要求几经权衡，在驻校军代表的支持下，由交通部北海船厂提供物资，交通部航务二处协助施工，海军工程部提供部分仪器设备，白手起家，因陋就简，动力实验室开始边建设边开展科研试验工作。先是建设露天模型水池，后又将简易的室内球场改造成室内模型水池，又建设了风浪水槽，一口气为北海船厂做了四项水工模型试验。紧接着，省内的各类港口防波堤试验，交通部和外省的水工模型试验任务接踵而来。

那时，侯国本二儿子侯永海曾随侯国本一起去北海船厂看过船坞试验：硕大的电机和水泵，极粗的管道，合上闸，电机啸叫着转动起来，水泵嗡嗡的响声，微微的震动，场面甚是壮观。回家的路上侯国本说试验很成功。以后侯永海知道了这个试验是"轴流式水泵集水池水力学模型试验研究"的重要一环，是解决水泵的振动问题的，以保证船坞安全运行。这项技术后被列入了中华人民共和国交通部干船坞设计规范。

侯国本深知水工模型试验对工程建设的重要性，再小的失误也可能造成重大的经济损失。那时仪器设备不够精准，有的需要自制或改造，大家缺乏经历，所以他事必躬亲，试验过程都是亲自在场。从方案确定，模型比尺的计算，安装位置，仪器的校准，数据的可靠性，曲线、报表、数据分析处理，试验过程的每一步他都仔细验证。侯国本经验丰富，预见力精

⊙侯国本在海洋动力实验室（1972年）

准，只要看看数据便知道是否合理，或是问题出在哪儿。他还时常自己下水池修正模型或仪器，反复调整，直至满意。

就这样，侯国本和全体工作人员发扬艰苦创业、科学敬业精神，在较短的时间内实验室创造了多项国内第一，成为国内知名的海洋动力实验室，对学校相关学科的发展和服务社会需要，发挥了重要的作用。

由于海洋动力实验室取得的显赫成果，1978年实验室在第一届全国科学大会上获"重大贡献集体奖"，侯国本到北京，聆听了邓小平等国家领导人的报告，他很受鼓舞，感受到科学的春天到来了。

侯国本筹建了山东海洋学院海洋动力实验室，动力室助推了他的事业，自此他的名字和动力室融为一体，不能分开。

1978年，作为实验室主任的侯国本荣获"山东省先进工作者"称号和

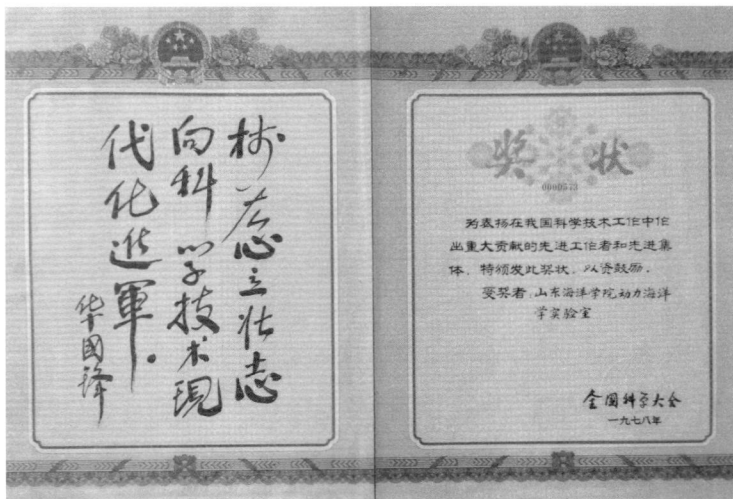

⊙1978年，获全国科学大会颁布的"重大贡献集体奖"

"青岛市劳动模范"称号。

1980年夏天，海洋动力实验室又迎来了一个重大改造升级的机遇。

当时，石臼所大港正在如火如荼地建设中，侯国本和山东海洋学院海洋系教师侍茂崇等人受建港总指挥刘秉寅同志邀请，赴日照座谈大港建设的下一步工作。侍茂崇的业务主攻方向为浅海海流动力学。于是，他提出由指挥部拨1万元用于进一步观测泥沙运动情况。

侯国本接着这个话题来了个"狮子大开口"，希望刘秉寅同志直接支持100万元，用于山东海洋学院建一个新的海洋动力实验室，承诺今后可以无偿为石臼大港做各种动力试验。

侯国本扳着手指头说："大港的波高设计是7米还是5米之争，一直未有定论。按1938年台风登陆石臼所而论，应该7米左右，可是后来很多专家都认为太高。相持不下之时，最后由日本人通过实验室得出结论。而那个试验花了100万元。如果我们有了实验室，就不会花那么多冤枉钱。你们支持我们山东海洋学院，就等于石臼大港有了自己的实验室，什么时候要用都可以。"

侯国本的名字在当时是如日中天，尽管100万元让侍茂崇吓了一跳，但是刘秉寅同志却说："可以考虑！"不久，答复下来，启动资金陆续到位。

侯国本有了这笔强大的资金支持，回校后立即向校领导作了汇报。会议是在教务处召开的，学校党委副书记高云昌、教务长赫崇本、教务处长初铭勘等参加，科研处也派代表参加。侍茂崇被侯国本拉去做"说客"。

建海洋动力实验室是赫崇本先生多年的夙愿，他自然大力支持；初铭勘处长则从学校要理工结合的大处着眼，对此大加肯定。这两个人，一位是侯国本的贵人，一位是挚友。

但在讨论实验室建在何处时，会议一度陷入僵局。校内已经布满了大大小小建筑，要新建水槽、波浪槽几无可能。侯国本提出建在二校门外的"三角地带"，初铭勘处长善意提醒道："那里是老百姓晨练的地方，也是夏夜乘凉之所，占了不合适。"

最后，高云昌副书记拍了板，"三角地带"内侧是校园一堵围墙，围墙

⊙侯国本自筹资金盖起的办公楼

向里是低矮的体育教研室的平房，可以把这约500平方米地方用来建实验室，体育教研室则向操场那边挪动50米。

侯国本带领大家计算数据、设计图纸，跑市场进材料，与工人一起起早摸黑地干。先后建起长60米、宽1.5米、水深0.6米的风浪水槽；长40米、宽2米、水深0.8米的波浪水槽和长40米、宽30米、水深0.6米的平面波浪水池各一座。这在当时是国内一流的"海洋动力实验室"。

实验室的建设逐步得到了完善，并形成了良好的师资队伍。

实验室先后完成60多项试验任务，重要的有："四角空心块体"和"栅栏板护面块体"应用试验研究编入国家港口工程技术规范；"防波堤设计手册"；"轴流式水泵集水池水力学模型试验研究"成果列入交通部"干船坞设计规范"；实验室还进行了马耳他共和国港口防波堤模型试验研究、日照港深水码头试验研究、黄河三角洲无潮区深水港港址可行性研究，并试验推广了"管式防波堤"等。

实验室还圆满完成了日本富士号钻井船滑移试验任务，毛里塔尼亚共和国港口工程、马耳他共和国港口工程、船坞工程的试验研究也都获得成功。

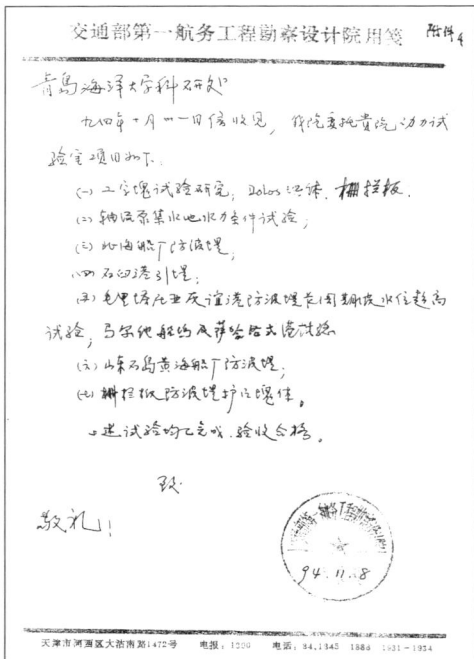

⊙与项目试验有关的信函

三、"海洋工程专业"奠基人

山东海洋学院成立之初，理科强，工科弱，海洋工程学科几乎是空白。

侯国本来校后，在他的带领下山东海洋学院在海洋工程领域开始了艰难的拓荒之路，短短十几年就取得了一个又一个令人瞩目的成就。

特别是日照港的获批动工，一时间使侯国本和他所在的山东海洋学院蜚声中国海洋工程界，大家纷纷投来羡慕的目光。同时，山东海洋学院把海洋工程人才的培养提上了日程。

1980年9月20日，经国家教委批准，山东海洋学院设立了海洋机械工程专业，成立了海洋工程系。这时，侯国本作为山东海洋学院海洋工程学科的奠基人，从海洋系来到了新生的海洋工程系。

"海洋工程系的创建是山东海洋学院从理科院校向综合性大学迈进的第一步，也是'文革'后学校创建的第一个新系。"海洋工程系的第一任书记陈一鹤谈起建系时的情景依然记忆犹新。

建系之初，条件虽然艰苦，但是全系上下怀着培养海洋工程事业未来发展人才的美好憧憬，干劲十足，使专业发展步入了快车道。

1982年，侯国本先生参与创办了《海岸工程》季刊这一有关海岸工程及海岸带环境科学的综合性学术刊物。

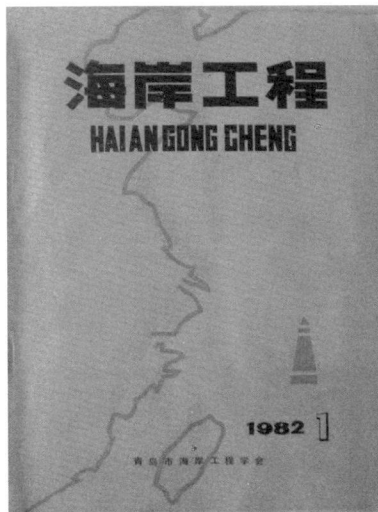

⊙《海岸工程》季刊

1983年，海洋工程系迎来了海洋机械工程本科专业的首批32名学生。

1984年，海岸工程专业创建，1985年开始招收本科生。1988年，海岸工程专业更名为港口及航道工程专业。

1984年10月，学校组建了河口海岸带研究所，赫崇本先生任所长，侯国本任副所长。

因在海洋工程专业领域的卓越贡献，1984年，侯国本先生受邀加入了总部设在美国夏威夷大学的太平洋海洋科技学会（Pacific Congress on Marine Science and Technology，简称PACON），成为国内第一位加入PACON的海洋科技工作者。

1986年和1992年，侯国本先生两次出席在美国夏威夷举办的PACON会议；1990年，出席了在日本东京举办的PACON会议；1998年出席了在韩国汉城举办的PACON会议。

21世纪是海洋世纪，中国是一个海洋大国，大力发展海洋事业已列为

⊙在PACON1990年会上（左一为侯国本）

⊙1993年，侯国本先生获PACON授予的 "海洋服务奖"

⊙1996年6月，侯国本先生（右二）在韩国汉城参加PACON年会

国家重点发展战略，侯国本希望由中国承办一次PACON大会。他的建议得到PACON总部与中国海洋学会的大力支持，也得到教育部、海洋局、科技部的支持，大会设想在青岛召开。1991年，PACON主席Narendra Saxena来青岛考察了会议筹划和会议场所安排，对筹备工作大加赞赏。但青岛当时还不是国际空港，外宾需转机抵达，且国内航班数量少，若转乘火车甚不方便。最终会址定在北京友谊宾馆，时间为1993年6月13～17日。PACON 1993年会在中国北京如期举办时，大会为侯国本颁发了"海洋服务奖"，"诚挚地感谢对健康海洋环境提供的杰出贡献"。

1998年，侯国本教授成为PACON终身会员（Life member）。可以说，侯先生让海大的海洋工程学科具有了国际影响力。

侯国本说："手里有真理，就掌握了雄师百万，攻无不克，战无不胜。"凭着这样的胸怀和气概，他为新生的海洋工程系书写了耀眼的篇章。其中，最为辉煌的一笔非"黄河海港"的选址和建设莫属。

从20世纪70年代末的日照港，到80年代中期的东营港，再到"挖沙降河"理论的提出，不仅使侯国本的人生事业达到巅峰，这一系列重大工程项目也极大地带动了山东海洋学院海洋工程学科的发展，为这个新生的系科指明了方向、夯实了基础。

1993年4月22日，工程学院正式揭牌成立，海洋工程系实现了跨越式的发展。新成立的工程学院下设机电工程系、土木工程系、海洋工程动力教研室、海洋工程动力实验室和海岸工程研究所。

2013年10月26日,中国海洋大学崂山校区图书馆第二会议室里人头攒动,洋溢着喜庆热烈的气氛,工程学院建置30周年庆祝大会在此举行。在现场,上至白发苍苍的老者,下至风华正茂的学子,谈起中国海洋大学海洋工程学科30年的发展历程,传奇教授侯国本的事迹总是被大家津津乐道。

"2010年3月,中国海洋大学在工程技术学科(领域)进入了ESI全球科研机构前1%行列,成为学校继植物与动物学、地球科学之后第3个进入全球前1%的学科(领域),这里面离不开工程学院的突出贡献。"在工程学院建置30周年庆祝大会上,学校党委书记于志刚如是说。

⊙工程学院揭牌仪式

第五章

破解青岛水困局

　　青岛是我国北方严重缺水的城市，侯国本的一个充满大智慧的构想，对这一难题的解决具有战略性的意义。

一、提出建设"红岛水库"的方案 🐭

　　虽然青岛是沿海城市，但因为远离大江大河，所以一直受到缺少淡水资源的困扰。

　　中华人民共和国成立后，青岛市历届政府在想办法努力解决这一困局，后来还建起了崂山水库，但是都没能从根本上解决问题。

　　侯国本调入山东海洋学院时，青岛的缺水问题非常严重。

　　那时候，夏天天热时，白天用水多，许多家庭的水龙头却出不来一滴水，只有到了后半夜，水龙头才滴滴答答地出水。

　　水！水！水！青岛缺水，怎么办？老百姓急，当政者愁。一时真的没有好办法。

　　面对这种与市民息息相关的困境，侯国本也是忧心忡忡，经常苦思冥想解困的良方。

　　他觉得自己是搞水利工程的，参与过那么多的大型水利工程建设工作，有责任为家乡的吃水问题作点贡献。

⊙红岛水库示意图

　　那段时间，他经常往青岛的周边跑，跑遍了青岛的江、河、湖、海，边看边记边思考，慢慢地一个大胆的方案在他的脑海中形成了。

　　这个大胆的方案就是将胶州湾内红岛东部浅滩

围起来，建成"红岛水库"，再从黄河引来淡水贮存在那里，以彻底解决青岛饮用水的"老大难"问题。

侯国本提出这一方案是在20世纪70年代末，那时"文化大革命"刚刚结束，许多知识分子都"惊魂未定"，不敢多言。

可侯国本却好似知识分子这个群落中的一位"独行侠"，和他相处，听他发言，总能从他那缓慢的语速中、朴素的表述中，蹦出一些玲珑的珠玑，令人振聋发聩、耳目一新。

因为他的心中装着"人民"，他的字海里写着"责任"。

那是在青岛市建委召开的座谈会上，侯国本提出了"红岛水库"的建设方案。当时，他提出这一方案时，许多人都着实吃了一惊。

后来，侯国本慢条斯理地详细解释这个方案时，大家的兴致浓厚起来。他说："红岛水库的面积大概60平方千米，坝高6米，建大坝费用约3亿元；挖泥用绞吸式挖泥船10条，挖两米深，一年可以完成，租船费用约1000万元；储水约2.4亿立方米，有10个崂山水库那么大。从黄河引水到水库约300千米，需要建设费用约6亿元，总计10亿元可矣。"

他稍微顿了顿，接着说："建设费用多方筹集，包括贷款。开始水价可以贵一些，一立方5角，10年就可还清贷款，以后则坐享其成，惠及子孙万代。大坝建成后，沧口直通红岛，即可改善交通，也增加了一个旅游景观。"

尽管与会者一时半会儿弄不清这些数字的来龙去脉，但对这个可以解决青岛市饮用水问题的宏伟蓝图感到热血沸腾，许多人情不自禁地鼓起掌来。

当然，也有人提出质疑：胶州湾面积逐年缩小，再围填如此大的面积，对胶州湾大港会不会有影响？

对此，侯国本早有准备，他胸有成竹地说："首先，红岛水库所在地，已经是滩涂，低潮时全部裸露出来，上面有沧口一带化工厂过去排放的污染物，在太阳暴晒下散发一种恶臭，这种环境急需改善。建水库，挖库容，就是彻底改善那里环境的有力措施。其次，水域面积没有减少，不过是一部分海水变成淡水而已，不会影响青岛气候，且能增加候鸟的栖息地。最后，也是最重要的，青岛要发展，不解决水源，发展就是一句空话，孰轻孰重，大家掂量掂量。"

当时，与会者一致建议，对侯国本提出的"红岛水库"方案进行可行性研究。

二、调研形成"引黄济青"的大智慧 🐭

"红岛水库"方案可行性研究中有关流速、波浪、潮位等的调查研究由山东海洋学院侍茂崇老师承担。

侯国本与侍茂崇长期在一起工作，两人性格相融，志趣相投，彼此帮助，结下了深厚的友谊，可以说侍茂崇是最懂侯国本内心世界的知音。

两人反复讨论确定了调查方案。侯国本特别强调，对未来水库与海水之间坝基附近的流速和底质要加强观测。他认为坝底清淤最多不过两米就到持力层，总体造价2500万元足矣。

侍茂崇对当时的现场调查至今还记忆犹新。

盛夏8月，骄阳灼人，热浪滚滚。

侍茂崇带领40多名学生分散住到红岛的农家。侯国本年纪较大了，本来不想让他去的，可他说自己是农民出身，很喜欢和百姓在一起，就在一个老乡家住下了。

为了节约，调查队只租了6条10吨～20吨的渔船。船上无法睡觉，学生要在夜间12点换一次班，这就增加了接送难度。6条船分散在较大水域，晚上只有一盏小灯照明。那时没有定位仪，交通船要在黑黝黝的大海上找到他们，困难可想而知。下了船，黑灯瞎火的乡间小路，也使学生吃尽了苦头，深一脚浅一脚，跌跌撞撞，经常碰到墙脚、小树和草垛上。

没过几天，又出现新问题，男学生提出：天气太热，浑身出汗，回到驻地没法冲洗，在船上冲凉又有女生在场，更难的是没有足够的淡水。于是，女生全部下船，跟着侯国本老师整理资料。好一番协调，总算用船到小港码头拉回了淡水。

夏季的天气变幻无常，由于连续海上作业，身体透支厉害，所以学生经大雨一淋，很多都感冒了，行前配备的药箱很快空空如也，侯国本连忙返回学校医务室，又带回好几箱药品，感冒浪潮总算过去。

海上生活很辛苦，体力消耗很大，学生的饭量也逐渐增大。那时凭粮票吃饭，虽经侯国本多方操劳，粮食补助标准大大提高，但对这些小伙子来说无疑是"杯水车薪"，难免叫苦连天。

这时大家想起"靠海吃海"的那句老话，和船老大商量一下，叫他借来拖网，捕捞生长在海底的海螺，给师生增加营养。但是，海螺肉是一种高蛋白物质，夏天吃起来要格外小心，稍有不慎，就会得急性肠胃炎。所以，每条船都配备大蒜，要求学生必须将鲜美的海螺肉和大蒜一起食用，并有专人监督。

有一天凌晨3时，侍茂崇刚刚躺下，学生就来敲门，他就知道麻烦事来了。一问得知，有一名学生得了急性肠胃炎，痛得在老乡炕头上翻滚号叫。原来这名学生是南方人，不愿吃大蒜，但对海螺肉偏偏情有独钟，从而导致严重后果。请医吃药，最后才解决此事。

⊙ "引黄济青"工程局部

15天的海洋调查终于结束了，等到大家回到学校时是一身酸臭气、十足乞丐相。当然，这些苦是不会白吃的，学生不仅在实践中学习了专业知识，也提高了适应恶劣环境的能力，并且磨炼了他们的意志品质。

更为重要的是在这次调研过程中，一个从根本上解决青岛市缺水的思路逐渐形成。为了方案能够顺利实施，侯国本还根据对黄河多年的考察资料，研究了黄河下游取水的可行性，并进行了实地调研。

后来，因为种种原因，红岛水库方案没有实施。但这个方案的提出仍然具有重大的意义。这是青岛市在解决水源问题上，第一次跳出了狭窄的思路和空间，提出了跨流域、长距离调入黄河水的设想，对以后青岛市解决水问题具有战略性的意义。

当然，大家都知道青岛的缺水问题后来引起了中央的重视，在邓小平的亲自关怀下，得以根本性的解决，而解决这个问题实施的正是"引黄济青"工程——把黄河水调入在市郊新建的调蓄水库棘洪滩水库，从此让青岛摆脱了缺水的困扰。

第六章

东方大港日照起

　　"文革"结束后，国家百废待兴，全国转入经济建设的新高潮，人们的思想禁锢打开了，最大限度地迸发出智慧和干劲。在侯国本联络其他专家的积极建议和争取下，日照深水大港列入国家建设规划，这是共和国成立以来，第一项由科学家建议，通过全面考察论证，变更国家重大建设计划的事例。石臼港的建成，是发生在春天里的一个最美的故事。

一、老乡家绘就"石臼大港梦"

日自东方升，风从海上来。

山东半岛东南，黄海之滨的日照市，有一地名曰石臼。石臼之称，一传自宋代始，有漂泊海洋的渔家在此驻足拴缆，上岸舂米为食，形成多处臼状石坑，故称"石臼"；又传宋代岳飞部将李宝破金后屯兵此处，用"石臼"杵米而得名。明初，为防倭寇设"备御千户所"，始称石臼所。后称谓变迁若干次，1988年改名石臼街道至今。

1966年，史无前例的"文化大革命"开始了。为响应毛主席的"知识分子接受贫下中农再教育"的号召，1969年12月，山东海洋学院全体师生下放到临沂地区日照县，在丝山公社的四个自然村和当地农民同吃、同住、同劳动。

当时，海洋系的侯国本和侍茂崇住在厉家庄老刘家的同一个土炕上。

侯国本本是农民的儿子，和农民血脉相通，与农民有着与生俱来的感情，他很快与老刘家打成一片，俨然成了他们家庭的一员。

在那无休止的"斗批改"和"一打三反"的岁月里，好多教师都是战战兢兢地度日，整天里被搅得心神不宁的。

但侯国本是个乐天派，各种阶级斗争大会、小会之余，他就随老刘家到海边去整理海带，修补网具，或到石臼所渔港（距厉家庄约5千米）帮老刘买东西。

到了海边，他立刻被眼前这片波光粼粼的大海所吸引，久久不愿离去。他目不转睛地眺望着远方，思绪万千。或许他想起了自己小时候家乡金口镇的那片大海，一个壮阔的宏图在他的心中形成了。

⊙石臼所海滨

　　机遇总是垂青有准备的人。

　　侯国本通过对那片海域进行细致的观察，发现这个石臼湾海域广阔，岸基是花岗岩，岸线变化不大，远离大江大河的入海口。那一刻，他几乎喊叫了起来，这是一个建设国际名港的绝佳港址！这一发现令侯国本激动不已。

　　从那以后一有时间，他都会跑到这个岸边转转，记记画画，对于一些不清楚的地方，他会向周围的渔民询问。就是对历史上有一个村庄在石臼湾内沉没的传说，他感到好奇，也要去向当地老人求证真伪。

　　凭借着对水利工程的特殊敏感性，他觉得这个小小的港湾，有着无限的发展前景，将来必定大有作为。无数个夜晚，他躺在硬邦邦的土炕上，注视着黑漆漆的屋顶，绘就着心中的石臼大港梦。

　　他认真地对侍茂崇等描绘在石臼所建港的设想，他说："这里水深不冻不淤，水动力条件又非常好，是个很好的大港港址。"甚至每一处应建什么，他都有了自己的初步想法。

每每说着说着，他都会非常兴奋，仿佛见到一个辉煌大港已屹立在东方的海边，如一轮朝阳冲破海面喷薄而出。

20世纪70年代后期，由于兖州煤矿的发现和开发，每年数千万吨的煤炭外运，迫切需要新建深水大港。距离兖州最近的港址有连云港和石臼港。连云港地处黄河故道，是个已建40多年的老港，滩宽水浅，只能停靠千吨级船舶；石臼港当时还是个小渔港，但是水深滩短，适宜建10万吨级乃至20万吨级以上的深水大港。

山东省和江苏省分别提出了修建石臼港与兖石铁路、修建连云港与连兖铁路的规划建议报中央审批。因而形成了两个港址、两条铁路线争建的局面。其间，山东省于1978年1月组织了以侯国本先生为首全省18个单位的专家及上千名人员参加的石臼港址和兖石线路的勘察团队，对岚山、石臼的自然环境条件进行全面调查和科学论证，形成了岚山、石臼适合建深水大港的可行性论证报告，随即报送交通部和国务院，但一时尚无音信。

与此同时，连云港在江苏省政府的大力推动下，也对在连云港建深水港的可行性进行了调查论证，并请时任中共中央副主席李先念到连云港视察。李先念副主席对连云港建设题了词："……要把连云港建成与世界媲美的中国东方大港。"连云港以题词为契机，如火如荼地向前推进。时任矿业部部长的康世恩为此专访荷兰，并与荷兰签订协议，荷兰协助贷款10亿美元，由荷兰总承包将连云港建成10万吨级的煤炭出口港。随即荷兰的港口建设专家和筑港机械相继到达连云港，并开始部分工程作业。

在这种形势下，山东意识到建设岚山、石臼深水港的希望已成泡影，只好专注于组织在连兖铁路选线中力争通过临沂，并在临沂设站的活动方面。

此刻，作为一名海洋工程专家，侯国本深知建设大港对国家经济发展的重大意义，也深知"百废俱兴"国家的财力状况。他感到一个声音在召唤他：是国家的利益！是工程人的责任！一种特有的紧迫感在驱使着他。

时不我待，侯国本与鲁南选港专家反复论证，决意向上级反映情况，争取改变国家这一深水港址的选择意见。

二、向邓小平谏言，希望"石臼建港"

东风欲来满眼春，潮起正是扬帆时。

1978年3月，第一届全国科学大会在北京召开。邓小平同志在报告中说：科学技术是第一生产力，知识分子是工人阶级的一部分。

此刻，坐在台下聆听着小平同志讲话的侯国本，心情是无比激动的。知识分子是工人阶级的一部分了！知识分子也成了国家的建设者了！想到这里，他的手甚至跟着澎湃的心潮微微地颤抖起来。他在内心感激小平同志，情不自禁地流下了激动的热泪。他下定决心，要抛开顾虑，尽全力报效国家。

在小组讨论会场，小平同志说："你们有什么问题可以直接向党中央讲。"听到这话，在场的人都愣了，会场一时陷入一片寂静。

大概是受到小平同志讲话的鼓舞，侯国本鼓起勇气，起身对小平同志及在场其他人进言，石臼所是建设深水大港的良好港址。他指出连云港地处黄河故道，历年大量泥沙淤积，海洋动力作用与港池长期清淤需要很多维护费用等问题。

小平同志认真听着侯国本的发言，不时提问并点头，认为侯国本的发言有道理。

发言结束后，侯国本当即用20分钟写了一份书面材料交了上去，希望在石臼建港。下午，小平同志就作出批示，要求组织专家对深水大港的选址进行可行性论证。

这短短一句话，叩动着侯国本的心：从小平同志的态度看来，中央还是愿意听取广大专家的意见的，中央决策还是非常慎重的。在侯国本心里，小平同志真的很伟大。

邓小平同志逝世后，1997年3月10日侯国本先生在《青岛海洋大学校报》上发表了题为《永远难忘的教诲》的文章，文中写道："那是1978年3月18日，我参加了全国第一届科学大会，在人民大会堂亲耳聆听了邓小平同志的报告。当他讲到科学技术是第一生产力，知识分子是工人阶级的一部分时，我心情无比激动，手也微微颤抖，心想，我也成了工人阶级的一部分了，邓老让我们翻身了。我情不自禁地流下了激动的眼泪，决心今后再也不应该畏首畏尾，而应该尽全力报效国家，报答邓老对知识分子的关怀。在小组会场，邓老还说：'你们有什么问题可以直接向党中央讲！'听到这话，大家都愣了，心情激动，会场一片肃静。我们心潮澎湃，心中涌起对邓老无比敬仰之情。邓老的讲话鼓舞着我，会上我斗胆谈了对鲁南建港选址的看法。"

当时侯国本心想，此刻最应该做的，就是趁热打铁，向中央具体讲述石臼所建设深水大港的优越性和可行性。会后，侯国本与6位关心在石臼所建港的海洋科技工作者彻夜长谈，决定联名上书，阐明山东日照的石臼所是深水大港的良好港址。

回青岛后，中国科学院海洋研究所助理研究员王涛告诉侯先生：1978年10月1日，海洋所所长曾呈奎要到北京参加国庆招待会，会上能见到中央领导，有机会把信交上去，起码能交给时任中科院党组书记的方毅同志。

侯先生认为机会难得，立即请来参加过港址勘察的侍茂崇、沈育疆两位老师一起讨论了建议书的内容，并议定了提纲，请侍茂崇老师执笔写了《关于在连云港或石臼所建设深水大港的看法》的建议信。大家都觉得单由四个人在建议信上签名力量不够，就由侯先生出面再邀请解放军工程部的顾继成和交通局的毕耀旺两位港口专家在建议信上签名。然后，侯先生亲自到曾呈奎家把建议信交给他。曾呈奎很高兴，表示愿促成此事。在此后，曾呈奎到北京时把信交由方毅同志转呈。

信的大意是：连云港是个老港，有很好的管理系统和运输经验。但是，连云港靠近黄河故道，那里曾是黄河入海口，泥多、水浅，不适合建深水大港。而石臼所不冻不淤，是一个适宜建10万吨级乃至20万吨级以上的深水良港港址。现在"四人帮"已倒台，希望按照科学规律办事，为了做到公正公平，应组织全国专家论证，等等。

信交上去几个月后一直没有得到回应。等待的同时，实际的工作也已展开，山东省地质局、山东省测绘局、山东省气象局、山东海洋学院、中国科学院海洋研究所、山东省水文站、青岛港务局、青岛海运局、临沂地区水文站、山东省交通测绘队、日照县水利局、勘测公司等单位的600多位专业人士组成专业勘测队伍，联合交通部水运规划设计院、北海舰队等14个部门和单位，在短短4个月内，对日照上百千米海岸线进行了全面勘测。6月形成了一份完整的选港资料——《鲁南选港规划资料汇编》，为石臼港址选定奠定了科学基础。

然而，信交上之后，却是杳无音信。侯国本有些犹疑，信件是否交到了相关领导人手上？领导人是否阅读了信件？阅读了信之后何时才能有回复？侯国本日日忧心忡忡。

为此，王涛借去北京出差的机会，到中科院去打听消息，都不知道该信被压在哪个部门。此时，王涛在中科院资环局大气海洋处工作的大学同学韩修文主动提出，他可以帮助把建议信交给李先念副主席，因为李副主席的秘书与他住在同一栋楼内。

三、给李先念写信，请求"比选港址"

1978年11月，侯国本、王涛被邀请参加在上海锦江饭店召开的"中国海洋救捞工程协会（海洋工程学会前身）筹备会"。

在这次会议上，侯国本、王涛与江苏省支持建连云港的专家，围绕连云港与石臼所两港址展开了非常激烈的争论，甚至争论得彼此不能同在一个房间住宿，临时调换了住宿房间后，气氛才有所缓和。

11月20日，受时任江苏北仑港建港指挥部总指挥的一航局局长王禹邀请，侯国本与王涛抵达北仑港，参观由清华大学实施的港区山丘定向爆破壮观情景。

在北仑港参观期间，三人也一直在讨论连云港建深水大港的事，该港址存在很多不确定因素，主要是港区内存在深厚的淤泥。但三人也一致认为，连云港有了李先念副主席的批示，如果李先念副主席不松口，下面谁都不敢改动目前的局面，关键问题就是能让李先念副主席允许对两个港址进行比选。并觉得有李副主席秘书这条线，信可以交到李副主席手上，就看李副主席的意向了。决定返青后召集大家再发建议信。

由于急于回青岛，12月23日，侯国本、王涛两人在返青途中又回到上海锦江饭店，晚饭后，侯国本、王涛又议论起前几天开会的情况，决定马上再给李先念副主席写信。当晚他们在上次那封建议信的基础上，进行了删节和补充，力求简短精练，主要内容是请求李副主席在兖州煤炭出海深水港址选建在连云港还是岚山（石臼）港问题上，同意召开两个港址比选专家研讨会，依据比选论证结论决定港址。

12月24日上午，王涛到锦江饭店附近的邮局把信寄给了中科院资环局的韩修文同志，请他转交给李副主席（给李副主席的信封在上海已写好）。信是这样写的——

李副主席：您好！

关于连云港建深水大港问题，我们写了一点意见，希望领导看一看。您每天都是很忙的，这类问题也来打搅您，我们感到太冒昧了，请您原谅。

一、关于连云港作为深水大港的选址问题，有的干部同志不恰当地利用了您的部分讲话"……把连云港建成与世界名港媲美的深水大港……"作为领导的意愿向下贯彻，使科技人员只能为建连云港港而谈连云港。这不仅影响了社会主义的民主，影响了百家争鸣的政策，也影响了您的声誉。

二、某些干部同志，在连云港与石臼港作为深水大港的港址选择问题上，存有成见。因为两个港址，在投资问题上，与建成后的管理维修问题上，相差很悬殊。领导干部不广泛地听取科技人员的意见，不进行合理的经济比较，不顾技术后果，硬性地把连云港作为深水大港进行建设，就妨碍了人尽其才、地尽其利的四个现代化建设的进行。

三、建设连云港在淤泥问题上提出了不合理的观点，即连云港的淤泥量，约等于塘沽港的淤泥量，向塘沽港看齐，以塘沽港为标准（港口吞吐量，接近于淤泥疏浚量）。这样的观点就为现代的建港工程树立了一个既浪费又不负责任的目标，也给子孙后代背上了一个清理淤泥的包袱，这不是四个现代化建设的方向，这要负历史责任的。

因此，我们恳切地请求李副主席关心这个事，并希望由国家科委召开有关海洋工程、港口建设的科技工作者会议，探讨有关连云港、石臼港作为深水大港的港址资料，以确定港址的选择方案，供领导参考。

这样做，不仅有利于发挥科技工作者的作用，也能广开言路，使科技工作者从各方面关心四个现代化建设，使我们所有工程都能多快好省地、不遗后患地进行建设。

　　敬礼!

山东海洋学院副教授

侯国本

中国科学院海洋研究所

王　涛

1978年12月24日

　　此信发出后，出乎预料的顺利。12月27日，华国锋主席即批示国务院及有关部委研究；12月29日，余秋里副总理批示要交通部叶飞部长考虑组织论证。翌年1月1日晨，李先念副主席就对信作了明确的批示：

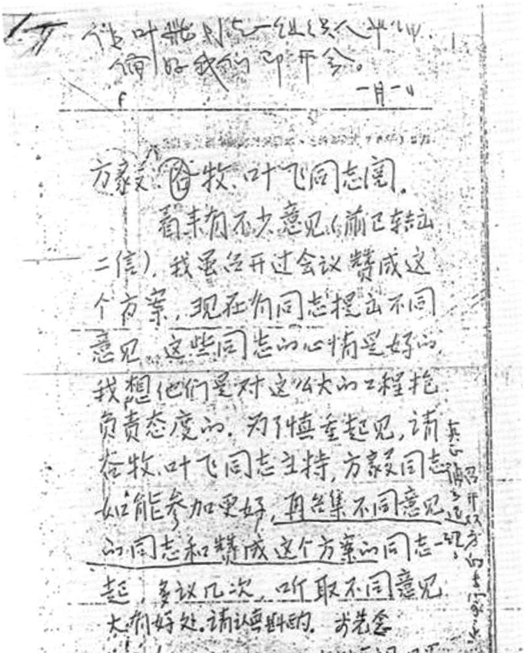

⊙李先念副主席批示复印件

方毅、谷牧、叶飞同志阅。

看来有不少意见（前已转出二信），我虽召开过会议赞成这个方案，现在有同志提出不同意见，这些同志的心情是好的，我想他们是对这么大的工程抱负责态度的。为了慎重起见，请谷牧、叶飞同志主持，方毅同志如能参加更好，再召集不同意见的同志和赞成这个方案的同志一起，多议几次，听取不同意见，大有好处。请认真斟酌。

李先念

一九七九年元月一日晨

四、针锋相对的选址大辩论

　　李先念副主席的这个批示一公开，连云港和石臼所两个港址比选的形势顿时大变，大家期盼已久的对两个港址进行科学比选的条件已具备，时机也已到来。

　　1979年2月初，交通部发出《关于召开研究岚山（石臼）港、连云港港址座谈会的通知》，就一封人民来信进行讨论。拟于2月中旬召开山东、江苏两省及有关专家会议，集思广益，对岚山（石臼）、连云港两个港址进行全面研究、比较。通知转发了侯国本和王涛给李先念副主席的信和华国锋、李先念、余秋里、谷牧等领导的批示。

　　4月6日至19日，由交通部主持，国家计委、国家建委、国家经委、中国科学院、铁道部、煤炭部、外贸部、国家海洋局、海军总部和山东、江苏两省政府，共同组织召开了连云港与石臼所两港址评选研讨论证会。参加会议的有相关科研院所、高校、设计施工单位等的专家和科技人员，一共81人。

　　论证会分两个阶段，4月6日至13日为第一阶段，全体与会者在济南南郊宾馆集合后，集体到石臼所、岚山头和连云港现场查看港址，并听取各港址建设可行性情况介绍。与会人员还参观了胶南古镇口港沉箱码头建设现场。

　　山东与会人员由一位副省长带队，队员中有省计委、建委代表，有地、县负责人，有气象、地震、地质、陆地水文、海洋水文等方面的技术人员。江苏方面，可谓人才济济，有三名教授和两名博士。江苏某报指出："山东参加论证者只有一个副教授（侯国本）和两个讲师（王涛和侍茂崇）。"言下之意，败局已定。交通部则聘请了若干国内知名建港专家，其中有时任天津大学副校长的赵今声教授。

当时，载有上百人的车队迤迤逦逦，甚是壮观，引得公路两边百姓驻足观望。

侯国本的心情，可以由他当天写的诗中看出：

> 深水大港在何处，
> 石臼连云两由之。
> 文章功名岂是路，
> 爱国献身四化时。

> 细雨湿山林，
> 行车无微尘。
> 遥看海空阔，
> 不管心律匀。

与会人员在石臼所和连云港各停留了4天，在这4天里听汇报、看现场、查资料，为其后的港址比选辩论做准备。当时的气氛很紧张，辩论前进行了"坚壁清野"：内部调查资料不准外泄，对方阵营中的熟人也不要约谈。连云港水文站有侍茂崇1977届毕业的一个学生在那里工作，本想借此机会相聚一下，可是一打听该生下落，被告知"出差多日"。10年后青岛相逢，他向侍茂崇老师道歉："明知师来，不敢相见，谢罪！谢罪！"

在两地港址现场调查中，石臼所海水湛蓝，连云港海水浑浊，泾渭分明，优劣立判。但是据此说连云港不能建大港，那也太武断。一场惊心动魄的大辩论是无法避免了。

第二阶段从4月16日开始在北京交通部会议室召开讨论会。交通部主持人说："文革"结束，科学春天来临。希望与会代表知无不言，言无不尽，对事不对人。会上专家们畅所欲言，各抒己见，以学术民主、百家争鸣的精神，对比论证了两个港址的优劣条件。

希望在连云港首建大港的与会者形成一方；希望大港港址落在石臼所的形成另外一方。在交通部大会议室内，两方分列会议桌两边，外请专家则在横排就座。两方冷眼相对，面色凝重，不苟言笑。

辩论一开始，两方争着发言。支持在石臼所建港一方断言：连云港处在老黄河故道影响下，泥沙太多，挖出的航道不久就会被泥沙填平，那时船只进退无法，天地难应；希望在连云港建港一方则反唇相讥：石臼所水清不假，但是底沙运移更可怕，一场大风会造成航道骤淤，清沙要比清泥难得多！

连云港一方有华东水利学院院长严恺先生领军，石臼所一方则有赵今声教授力挺，一时辩论形成胶着状态。这时交通部总工程师刘济舟说："我在连云港航道内穿潜水服潜过水，那里淤泥深不可测。石臼所海水清澈见底，没有泥沙来源，应该是建港首选！"

平心而论，连云港一方领军人物严恺先生，倒不失大家风范。他说："两地都有建大港的可能，论水文条件石臼所略好；比交通便利，连云港则略胜一筹。"

江苏是侍茂崇的家乡，尽管会前内心有些纠结，但是石臼所港址的动力环境论证是他工作以来搞的最大的一个项目，从科学方面讲他当然首选石臼所，所以他在发言中只讲事实，不讲结论。

侯国本作为石臼所一方的主将，沉着迎战，针对连云港一方的发言一一陈述自己的论点，有理有据。侯先生对连云港最大的担心是大风浪海况下深水航道的趋淤问题，怕继塘沽港后再为国家背上一个港口大量淤积的沉重包袱。

侯国本先生的见解得到了大多数专家的支持，多数专家认为石臼所是我国难得的优良深水港址，有条件建成10万吨级乃至20万吨级以上的深水港口。并且认为在石臼建港，深水线近，基础好，可就地取材，造价低，陆域广，腹地大，很有发展前途；可以"一看到底，一劳永逸，没有后顾之忧，设计人员可放心睡觉"。

多数专家认为，连云港港口已有40多年的历史，有老港依托，积累了大量资料，为建港创造了条件，但还有许多问题没有弄清楚，不能下决心。主要的问题有三个，一是地处淤泥质深厚的海岸，距深水线20多千米，开挖航道港池、建码头，难度大、费用高；二是港区陆域狭窄，堆场及铁路站线需回填造陆，软基处理难；三是堵西口问题较多，泥沙回淤问题不清楚。

许多专家教授认为连云港、石臼所相距只有40千米，经济腹地基本相同，目前在这一区域建两个综合性大港是不合理的，依据深水深用、浅水浅用、统筹安排、专业分工的原则，在石臼所建深水煤炭专用码头，在连云港建五万吨级以下的散杂货码头是合理的。

连云港和石臼所选港论证会于4月19日结束。会后依据论证会提出的意见和问题，国务院、交通部经研究决定，暂停连云港深水煤炭码头建设，并通知荷兰方暂停港口建设，待进一步论证后，再恢复施工。

听到这一消息，侯国本难掩激动之情，1979年4月20日于北京有感而作诗一首：

> 舌战群生爱国志，
> 高谈港口论文章。
> 远东巨子聚南鲁，
> 中国专家汇北京。
> 喜看石臼成大港，
> 多想沂蒙又重生。

1979年5月26日，交通部下发《关于继续进行连云港、石臼所两港勘测，科研和设计方案工作的通知》，对两港址进行深入研究比选，并决定，两港设计方案以及科研试验成果的讨论比较工作，由水运规划设计院负责组织。经过对连云港和石臼所两个深水港建设方案的比较，1979年10   ·61·

月25日国务院决定建设石臼所煤炭、矿石码头，并与秦皇岛二期煤炭码头同时使用日元贷款进行建设。

经过大量筹划工作后，国家计委于1980年3月5日正式批准新建石臼港工程。其规模为：建设十万吨级和二万五千吨级煤炭泊位各一个，年吞吐能力一千五百万吨，建设十万吨级矿石码头泊位一个，年吞吐能力五百万吨，另建三千吨级成品油泊位一个。

至此，大家期盼已久的建设石臼大港和兖石铁路的梦想正式启航，一直沉睡的日照海滩上，一座巨大的港口将兴起，从此日照大地开启了新的征程。

五、登船查看"骤淤"试验情况 🐛

　　尽管辩论时唇枪舌剑，气氛非常紧张。但是仔细想来，辩论大有裨益：即使再好的港口选址，也有不足和短处。会上双方相互辩论，更容易暴露这些不足，而暴露的这些问题对于以后完善建港方案是大有好处的。

　　那次辩论会后，就在返回青岛的漫长火车旅途中，侯国本和侍茂崇有过一次长谈，而长谈的话题就是"骤淤"问题——这是辩论会上南方的泥沙专家黄胜先生和陈子夏先生一再提及的不宜在石臼建港的主要理由。

　　对于这个问题，其实侯国本还是有发言权的。他过去调查研究黄河多年，对河底淤泥问题有较丰富的实践和理论总结。那就是，对于淤泥质的河底，只要水流加大，淤泥可再悬浮，随水流搬到别处去。

　　对于沙砾质海底，尽管侯国本没有直接的相关研究数据。但是据他多年的经验判断，应该问题不大。因为岸上未有砂质来源，海底又相对稳定，开挖航道的泥沙不会很多，应该不会产生骤淤。

　　当然，科学是来不得半点含糊的。侍茂崇认可侯国本的意见，也提出了自己的想法，他认为：航道开挖方向是和海岸垂直的，且变成一条"捕沙"明渠，冬天刮很强的东北风，会不会将海底细砂搅起，从东北方源源而来的细砂贴海底而过，直到航道这里，因重力从东面滑落下去，从而将航道变成"捕沙器"。据统计，每年经过石臼所5级以上东北风有20次左右，那样的话航道滞留的泥沙会很多的。

　　侯国本对此也有考虑，他解释道：你说的有道理，但只要把航道坡度加大，砂就爬不上去啦。

　　侍茂崇听后，很受启发，连忙说："您送给我的那本沙玉清老先生的专著，有一章就是讲砂质推移问题的。落入巷道中的沙子能不能上岸，要看沙子粒径、底流大小和海底黏滞性。这些我都不懂。"

侯国本问道："谁懂？"

侍茂崇说："地质系崔成琦老师，他是南京大学地质系研究生毕业，且有一定实践经验。"

侯国本一听，甚是兴奋，当即决定，由他跟石臼所建港指挥部负责人刘秉寅同志说一说，让崔成琦老师来做这个试验研究工作。

侯国本做事向来雷厉风行，回到青岛不久，他就说服刘秉寅同志拨出一定经费，请崔成琦老师对"骤淤"问题作出实实在在的科学的回答。

侯国本经过分析认为，要回答是否会有"骤淤"问题，就必须搞清楚两件事情：一是石臼所北面有哪些河流向海里输沙，输沙量有多大？二是在东北风作用下每年有多少沙经过未来的航道？大家商量后，这第一个问题由崔成琦老师解决，第二个问题由侍茂崇老师解决。

两位老师接下这事关重大的任务，便马不停蹄地忙了起来。

崔成琦走遍石臼所北面胶南县的主要河流，查阅了大量历史资料，实地不间断测量河流泥沙，严密计算流量，最后得出结论：一年中由胶南县入海泥沙10万吨左右。

侍茂崇则与海大的刘安国老师设计了一种前所未有的"捕沙器"（一个方形铁质容器，上面有一个盖子，盖子上有一条狭缝），将其放在未来大港航道上长时间捕流动海沙。

实际操作是这样的，派潜水员将10个"捕沙器"沿着和海岸垂直方向500米范围内埋进海底，"捕沙器"盖子要与海底平面找齐，使得过路的泥沙不受阻碍地通过狭缝进入"捕沙器"，贮存在"捕沙器"内，一个星期之后再由潜水员放下另外10个"捕沙器"，将原来那10个取上来。称出泥沙重量，再经过科学计算，就可以求出通过500米这个线段流过海底的泥沙总量。

当时，团队雇用的潜水员名叫周长生，他是个下潜高手。这一年时间里，他每隔七八天就要下海一次，检查水下3台海流计的工作状况，负责10

个"捕沙器"的取上、放下工作。老周和另外两名帮他穿重潜水服并管理空气泵的船员工作都非常认真，即使天气很恶劣，他们也能圆满完成任务。

一年来，侯国本也是一点没闲着，总是千方百计挤时间往试验现场跑，问询指导试验工作。

侯国本对交通部刘济舟总工程师亲自在连云港下潜到海底查看淤泥情况，一直欣赏有加。

这次，当他看到老周下潜的现场，心里就痒痒起来，对侍茂崇说，有机会他也要到水下去看一看。侍茂崇劝解道："您年龄大了，潜水的事就别干了，哪天天好，我陪您出海一次就得了呗。"

后来，侯国本又到石臼现场查看情况，那天天气很好，海面风平浪静。他爽快答应了侍茂崇的邀请，来到潜水船上看了一次潜水，并且通过送话器和潜水员老周进行了一番对话。

潜水服是用橡胶做的，上衣和裤子连在一起，裤脚又连着厚重的铅底鞋。上衣胸部有铜片支撑，像护胸甲一样保护胸部不受海水挤压，好让肺部自由呼吸。衣袖连着柔软手套，毫不影响双手的活动。潜水服的衣领是内壁设有螺纹的铜圈，金属头盔就拧在衣领上，头盔上镶嵌有厚玻璃大孔，供潜水员观察所用。头盔与空气泵连在一起，靠一根橡胶管输送空气。

虽然在甲板上这套潜水服很重，压得潜水者两肩直往下坠，脚也无法挪动，但是当潜水员来到舷边，反转身体，顺着甲板边小木梯下到水里，就不觉得潜水服的沉重了。

老周慢慢下潜到15米深的水底时，侯先生与潜水员就开始了一段对话：

侯国本："海底硬不硬？"

周长生："我的脚可以踩出脚印，脚陷下一半。"

侯国本："细沙上有些什么？"

周长生："碎贝壳。"

侯国本："海底的水浑浊吗？"

周长生："我脚踩过的地方水浑，等一下浑水流走了，水比较清。"

侯国本："你用手挖一挖，看能挖多深？"

5分钟的等待，终于传来老周那嘶哑的声音："大约一个脚脖子深。"

大家都笑了起来。

后来，《中国海洋报》总编辑李茂和先生见到侍茂崇，拿出一篇写侯国本的文章，其中有侯国本亲自下海潜水的内容。侍茂崇看后如实告诉他："侯先生想潜水被我阻止了。但是他现场问了潜水员很多有价值的问题，主要是考虑淤积和未来航道开挖的问题。"

根据一年的试验结果，经过资料分析，侯国本和大家讨论后，向刘秉寅同志作了如下汇报：

一年时间里，由于风的搅动导致沿岸输沙，不超过10万吨级；经过石臼所大港航道的海底输沙即使全部沉积在这里，厚度也不会超过45厘米。结论就是一句话："骤淤"是不会发生的！

刘秉寅同志听完后激动地对侯先生和在座的其他同志说：

"你们的研究太重要了。北京辩论会之后，我们心中也担忧这个'骤淤'，准备购买一条挖沙船，防止'骤淤'事件发生后对船只运行的影响。现在45厘米绝对淤积量对我们航道是无关大局的，因为我们航道挖深会有一米多的富余。"

最后刘秉寅同志开玩笑地说："我给你们2万元科研费，你们给我省下2000万元造挖沙船的费用，我赚大了！侯老，谢谢你们，今晚请你们吃饭。"

当时，建设石臼港是从日本贷的款，日本投资方也对"骤淤"心存警惕，花了500万元人民币挖了一条试验航道，检验"骤淤"的可能性。经过一年试验，结论比我们还要乐观。

六、日照由一个小点变成"圈"

1980年7月8日，由我国自行设计、自行施工的第一个10万吨级深水煤炭专用码头在日照县石臼所兴建。

石臼港建设指挥部经交通部、山东省人民政府批准成立并开始工作。刘济舟任总指挥，蒋茂林、刘丙寅、毛立清、王清堂、凌旺勤、夏全忠、王海平、丁琳原、李积平任副总指挥。

日照也成立了民工指挥部，组织人员支援港口建设。

这个深水煤炭专用码头，使用日本贷款建设。在装卸工艺、设备选型上都尽量采用世界先进技术。建成后，将成为国内第一个现代化的深水煤炭专用码头。

1985年，我国最大的一个10万吨级深水煤炭专用码头在石臼所建成。

⊙1985年建成的石臼所大港

石臼所大港的建成当然是从中央到地方各级领导关怀和支持的结果，但在某种意义上说，侯国本居功至伟，没有他敢言直言、据理力争的科学精神，或许就没有这个石臼所大港了。

1985年先后有多位国家领导人和有关部委领导到石臼港视察或检查工作：

1月28日，交通部部长钱永昌到石臼港检查工作。

3月25日，中共山东省委副书记陆懋曾到石臼港检查工作。

5月1日，国务院副总理李鹏在交通部部长钱永昌陪同下视察石臼港并题词：黄海滩头千年睡，日照东岸巨港出。

黄海滩头千年睡
日照东岸巨港出

李鹏 一九八五年
五月一日

6月22～23日，国务委员谷牧在山东省副省长马世忠陪同下视察石臼港并题词：日照九州振兴路，港通四海友谊桥。

8月15日，中共山东省委副书记姜春云到石臼港，听取了石臼港开发建设工作的汇报。

10月25日，全国政协副主席吕正操视察石臼港。

11月9日，国务院副总理万里在铁道部部长丁关根、冶金部原部长李东冶和山东省副省长马世忠陪同下视察了石臼港。

12月8日，全国政协副主席、中国光大集团有限公司董事长王光英在冶金部部长戚元靖陪同下到石臼港视察，并题词：日照前程似锦，东海又出名珠。

12月9～12日，国务院副总理万里委派国务院技术经济研究中心调查组一行11人，由副总干事长张馨带领到日照，分别听取了石臼港建设指挥部和日照市政府的工作情况汇报。

1992年国务院总理李鹏到日照视察工作时，亲自将石臼灯塔更名为日照灯塔。日照灯塔高36.2米，灯光高度39.9米，灯质闪白8秒，射程18海里。

⊙日照灯塔

主要功能是为日照近海及进出日照港的船舶提供导航服务，也是日照海滨港口城市的重要象征。灯塔广场依托一个礁石群，1000米长木栈道沿海而建，礁石群浪花飞溅，岸边绿树成荫，成为游人观海听涛的理想场所。不仅外地游客来日照一定要到灯塔广场一游，连本地人都把灯塔广场当成了假期出游的目的地。

1992年6月，第七届全国人民代表大会常务委员会副委员长费孝通到日照视察。费孝通曾先后对我国黄河三角洲、长江三角洲、珠江三角洲等进行实地调查，提出了许多既符合当地实际又具有全局意义的重要发展思路与具体策略。他指着山东省新版地图对陪同视察的侯国本先生开玩笑说："侯教授，您了不起，把日照在地图上由一个小点变成了一个圈。"

⊙侯国本与费孝通副委员长合影

1989年，日照港被列入我国十大名港，年吞吐量已超1亿吨，成为山东省第二个年吞吐量过1亿吨的大港。

根据日照港和岚山港的建设和发展，侯国本提出采用港口群的形式来促进发展更为有利。1995年8月下旬，为研究该问题，侯国本带

· 69 ·

⊙灯火辉煌的日照夜景

领学生，冒着酷暑，深入两个港口进行调查研究。得出的结论是：日照港的自然地理、经济地理条件好。此地水深14米以上，深水深用，可以建成1000万标准箱的集装箱港口。

侯国本一行人在日照港和岚山港长达20多天的考察和调研中，多次与港口的科技人员进行交流座谈。最终在他的带领下，整理出版了《日照港——21世纪黄海、渤海间最大的集装箱港》及《日照港群》两本书。

2006年3月，中共青岛市常委、宣传部部长杨军同志调任日照市市长，他给侯先生的长子侯永庭发来一条短信："永庭教授，我已调任日照市市长，上任才几天，走到各处都可以体会到日照人民对您父亲的怀念，日照人民永远不会忘记侯老力主建设日照港作出的贡献。"

2003年6月开通了日照港至韩国平泽港的客箱班轮航线。2006年10月，日照港股份公司成功上市。2008年港口货物吞吐量达到1.51亿吨，位列大陆沿海第九大亿吨大港、山东省第二大亿吨大港。2009年3月，日照港远期规划获国家批准，规划建设深水泊位280个，年吞吐能力将达到6亿吨。

2006年11月，日照港迎来了建港20周年大庆，邀请侯老出席庆典，但是侯先生此时已瘫痪在床，不能应邀出席。当他知道日照港吞吐量已突破1亿吨大关，跃为中国第九大港，日照港股票已在上交所上市时，高兴地说："日照港还有潜力！"

斗转星移，沧桑巨变。30年实践经验表明，石臼大港的确是一个没有淤积的优良大港。从渔村荒滩，到逐步成为中国最具潜力的大宗散货主枢纽港，日照港凭借一个新兴港口的活力与朝气，如风帆正举的航船，在市场经济的大潮中一路高歌、破浪前行。港促市兴，市辅港荣，日照已经由一个县城发展成为一座新兴的港口城市。

七、挺起"一带一路"东方桥头堡

铁路作为国家重要的基础设施、国民经济的大动脉和大众化的交通工具，在现代运输体系中发挥重要的作用，绝对是运输行业中的中流砥柱。

兖石铁路的建设也有一段曲折的过程：

1977年12月，铁道部年度计划中将修建兖州至连云港铁路列入勘测设计计划，并由铁道部第三设计院负责。

1979年，铁道部第三设计院上报初步设计文件。在此文件未经批准前，侯国本三次上书国务院，提出了把铁路终点由连云港改在石臼所，后经中国科学院论证和国务院常务会议讨论研究，采纳此建议。

1979年6月16日，国务院副总理谷牧要求铁道部提出兖州至石臼所的铁路方案。

1979年9月29日，铁道部第三设计院编制兖石铁路补充方案报铁道部，其中兖州至临沂段采用原设计。

1979年10月至1980年5月，铁道部第三设计院对临沂至石臼所段进行了外业勘测。

1980年9月底，铁道部第三设计院编制了初步设计文件。

1982年6月，铁道部第三设计院正式交付施工设计文件。

石臼所大港刚确定建设，兖石铁路也立即上马。兖石铁路，位于山东省南部，西起兖州（接轨站为程家庄站），穿越临沂市，东到日照石臼所站。1981年开始施工，1985年建成，全长307.9千米，全线设38个车站。

兖石铁路沿线煤炭及其他矿产藏量丰富，乡镇工业发展迅速，它的建成对晋煤外运、开发沂蒙山区、振兴鲁南经济和巩固国防都具有重要意义，是山东南部最重要的交通干线，也是侯国本追求山东大发展的理念的体现。

在兖石铁路建设过程中，国务院代总理李鹏、副总理万里曾先后到兖石铁路视察工作，李鹏并为铁道兵一师和四师题词："发扬光荣传统，为中国铁路建设立新功！"

侯国本曾经对侍茂崇说："山东通海的铁路只有一条胶济线，就相当于人的脊椎，撑起人的脊梁骨。但是还要有大大小小的血管，这样人体才能吐故纳新，建立良性循环。山东鲁南交通落后，只靠汽车是不行的，要建铁路，才能使贫困的鲁南山区富裕起来。但是凭空建铁路谁来拿钱？可是我争石臼大港只要成功，就必须有一条铁路相伴诞生，不然10万吨级大港就是空的，不能靠汽车、小推车将货物送上轮船！"

侯国本的一席话，对侍茂崇有醍醐灌顶的作用，内心对这位心系人民的教授佩服得五体投地。这也是侍茂崇长期追随侯国本先生的主要原因。

1985年，兖石铁路终于完工了。

1986年1月1日，兖石铁路正式通车。

⊙跨过沂河的兖石铁路

通车伊始，沿线群众可以不用买票，自由登车至石臼所参观。侍茂崇当时在临沂出差，曾目睹这一壮观：临沂车站前万头攒动，维持秩序的站台人员满头大汗。很多人都是头一次坐火车，面对长蛇一样的庞然大物，扶老携幼，东摸西看。有人说：这是海洋学院教授侯国本建的。

老百姓的话是质朴的，要他们去述说大港论证的跌宕起伏过程是不可能的，但是他们抓住了关键人物"侯国本"，感激之情可见。

随着兖石铁路通车的日益临近和港口的快速发展，侯国本建议抓紧对日照港的自然条件、深入发展及腹地建设进行进一步研究总结，力争成为亚欧大陆桥的东段桥头堡。

经过10年的建设与发展，日照港也已由开港之初的单一煤炭输出码头，发展成为全国矿石运输系统第一层次港口，全国煤炭运输南部大通道出海口，全国最大的散装水泥中转基地，中国北方第二大粮油加工中转基地，长江以北最大的木材接卸集散地和液体化工集散地，集装箱内贸基本港和外贸支线港，国家规划的大型石油、天然气中转储运基地，成为镶嵌

⊙现代化的日照港

在黄海之滨的一个璀璨明珠。

1995年，日照港被列为新亚欧大陆桥东方桥头堡，并与沿桥经济带一起列入《中国21世纪议程优先项目计划》。

到2014年的时候，不到30年的时间，日照港成为国内铁矿石第一大港。这得益于腹地众多钢铁企业以及铁路、公路网络，日照港凭借干散货吞吐量坐上了国内亿吨大港的第九把交椅。

2014年4月，日照港拿到海铁国际联运资质，这无疑给日照市打造"一带一路"桥头堡打了一针强心剂。

所谓国际联运过境货物运输，是由两个或两个以上不同国家铁路当局联合起来完成一票货物从出口国向进口国转移所进行的全程运输，发货人只需在发站办理一次托运手续，即可将货物运抵另一国的铁路到站。

现在过境日照的货物，手握一张海铁国际联运手续单就可以直达目的地。从日、韩经海上通道到欧洲，需要40天左右的时间，如果通过日照卸货走亚欧大陆桥，15天左右就可以到欧洲。

至此，新时代"一带一路"东方桥头堡真正建起来了。

八、这是一则关于春天的故事 🦋

石臼港的故事，就是春天的故事。春天的故事是从1978年开始的。

建东方大港，历史选择了侯国本，侯国本又选择了石臼所。侯国本以天下为己任的博大胸怀，是历史与现实相契合的根本原因。

1973年初，我国港口吞吐能力非常薄弱，经常发生船舶压港、压货、压车的情况。

周恩来总理"三年改变我国港口面貌"的号召，曾经唤醒许多专家的梦想。但是，那时正值"文革"时期啊，客观条件使得建港精英工作不能全力以赴。

"文革"结束，客观上扫除了建港的障碍，为侯国本等专家建言献策提供了优良环境和外在推动力，邓小平那句"有什么问题可以直接向党中央讲"更使他热血沸腾，他要把自己的余生献给国家建港事业。

恰逢石臼港与连云港的大港选址之争，时势推动历史人物前进，侯国本一下成了鲁南大地的英雄。

日照港的选址过程是共和国成立以来，第一次因为专家建议而使国家对已决定的重大建设项目作出修改。国家领导人广开言路，纳谏八方，讲科学，重证据，像一股春风吹遍华夏大地。

一石激起千层浪，我国工程界顿时掀起一股建港风。建港专家纷纷建言献策，提出了许多科学、可行的建议。

1982年，我国有深水泊位51个，年吞吐能力1.2亿吨。经过30年的努力，我国沿海港口拥有生产性泊位5062个，国内港口货物吞吐量已达349亿吨，吞吐量和集装箱量均位居世界第一。

目前我国已经有12个亿吨大港。世界上吞吐量前20位的港口中，我国已占到10个；吞吐量前10位的港口中，我国已占到7个。

随着科技的不断进步和筑港技术的飞速发展，连云港也今非昔比，成为新欧亚大陆桥的起点，是江苏省重要的大型海港，也是国家滨海主枢纽港之一。

现在看来，这种建在科学研究基础之上的大辩论的精神似乎正在缺失，评审会上大都嘴抹蜜糖，上天言好事，下界保平安。时代衷心呼唤"石臼所大港精神"快点回归！

后来，事情并未画上句号，每年都有"弹劾奏章"送到京畿，大意是："侯国本妄言连云港不能建大港，使连云港建港大业推迟数年……"当记者找侍茂崇核实情况时，侍茂崇则据实相告："当时'文革'刚刚结束，百废待兴，国家财力有限，要同时上两个大港绝不可能，先上石臼大港是全国多数专家共识，侯先生只是这共识大军中的一员而已。"

科学与现实都很复杂，急着下结论，偏执任何一端，虚美或者饰恶，都会付出代价。在辩论过程中过激言论比比皆是，南方、北方概莫能外。如果一个人或群体能了解事物发展脉络，你就懂得了谅解和敬畏，就会客观冷静地看待它，而不是去一味苛责。更不能把一种争论，引往泛道德化方面讨论，这就不是弥合而是加剧了科学群体之间的撕裂感。

侍茂崇还告诉记者："严恺先生，是一位严肃正直的科学家，在那样剑拔弩张的大辩论气氛下，作为连云港一方的领军人物，能说出两个地方都具有建港的可行性，实属难得。所以后来在我国第一部大百科全书编纂过程中，作为特邀编辑的我，坚持要把严恺先生作为专有词条写入大百科全书，就是对他学术和人品的敬仰与肯定。"

最后，侍茂崇开玩笑地说："人不可妄自尊大，也不能妄自菲薄。你的一言一行，上帝在看着呢！"

石臼所与连云港之间港址之争，是"文革"之后工程界一则关于春天的故事，自此以后"东方风来满眼春"。21世纪，中国的港口和海洋运输会谱写更辉煌的篇章！

侯国本不仅给华夏大地带来一股春风，也给校园带来浓郁的春天气息。刚刚结束"文革"万马齐喑的局面后，很多人还在观望，还在犹豫，而已经63岁的侯国本毅然冲锋陷阵，校园内到处传说着侯国本舌战群儒的风采，也对他的义无反顾、执着前行、大智大勇倍加赞赏。

这里还要提到一位和他惺惺相惜的教授张定铭先生。他是生物系一位教师，"文革"中以"特嫌"收审，在隔离过程中，他居然神定气闲，终日拿一本《英语小字典》背

⊙1991年，侯国本获中国科协首届优秀建议奖二等奖

英文单词。审查结束后，他竟带一批学生到山东沿海港口，帮助那里养殖场提高海带养殖产量。后来在石岛调查中不幸死于车祸，让人痛惜。侯国本先生多次提到他，张老师也曾多次在侍茂崇面前对侯国本褒奖有加。

这两位当时虽然刚届六十，然须发皆白，是当时学校有名的两位"性情之人"。

第七章

吼出天下第一声

　　侯国本和时任胜利油田会战指挥部总指挥、党委书记李晔，在黄河三角洲的建港、开发、发展上的携手合作，曾被新华社记者誉为科学和权力的联姻。科学就是自然规律，权力是胆识与担当。特别是侯国本"吼出天下第一声"，声震苍穹，一座大型港口在黄河三角洲淤滩上拔地而起。从此，日照港和东营港的建设以其传奇的故事在科技界广为流传。

一、提出无潮点建港的新观点 🐭

滔滔黄河，奔腾东流。

"九曲黄河万里沙"，黄河是世界上含沙量最多的河流。其总输沙量每年可达11亿吨，因此，在黄河入海口附近，淤积了一马平川的黄河三角洲。

原来的黄河三角洲，黄沙遍地，碱蒿丛生，只有一些野兔出没其间。当地的民谣说："走的是宽宽道，听的是丫兰子叫，吃的是盘山果，喝的是驴马尿，野狼追着野兔跑，野兔跟着姑娘逃。"这里所谓"宽宽道"是指这里荒无人烟，到处都可以行人和车；"丫兰子"是在近海荒草地里生活的一种小鸟，到海滩觅食回来，很难找到自己的窝，就只好用叫声招呼窝内幼鸟回应；"盘山果"是用黄蓿菜种子一堆堆蒸熟，放在盘中如小山，苦涩难咽，却是当地老百姓春天主要果腹之物；"驴马尿"指苦卤水，"野兔跟着姑娘逃"，野兔怕狼不怕人，野兔和姑娘一起逃避野狼追赶。

1955年，国家对华北平原地区展开了区域性石油普查。

1961年4月16日，黄河三角洲东营村附近打的"华8"井，首次见到了工业油流，日产原油8.1吨，从而发现了胜利油田。

1962年9月23日，在东营构造上打的"营2"井，获日产555吨的高产油流，这是当时全国日产量最高的一口油井。胜利油田始称"九二三厂"即由此而来。

1965年3月，"坨11"井和"坨9"井分别获日产1134吨和1036吨的高产油流，是国内首次发现的千吨级油井。由于以上油井位于东营地区胜利村一带，为了纪念石油会战取得的巨大胜利，1971年6月11日，"九二三厂"更名为"胜利油田"。

石油出来了，但是面临诸多困难，其中最主要的是交通问题，特别是可以提供海上运输的港口几乎没有，只有淄脉沟口的广利港可供20吨左右渔船进出。

石油工人刚到这里无房屋可住，只好住在自己建的"干打垒"里（纯用干土打起的房子），而要盖新房子，就要运进建筑器材，还有开采石油的井架设备，而这只能靠汽车运输，运力实在有限。

油田的原油需要经过很长的输油管道，加温加压送往300千米以外的青岛黄岛油港，才能向外输出，每年仅维护敷设管道一项就耗费巨大，增加了沉重的经济负担。在黄河三角洲北部建港直接输送原油，才是最经济、最合理的选择。

随着胜利油田开发建设速度的加快，也急需新建一个港口，以便于大批大宗物资的运输。

有海无港、有河无航的现实严重制约着油城东营的发展和黄河三角洲的开发。

在黄河三角洲海域，寻找港址，建设港口，已是迫在眉睫！

1978年，在第一届全国科学大会上，康世恩副总理找到侯国本，希望他在黄河三角洲寻找一个合适的港址，以解决胜利油田石油和其他物质的输出、输入问题，同时为开采渤海湾石油做好准备，将来也有利于华北煤炭的外运。

国家的建设需要，就是科技工作者的最大课题。

经过认真思考，侯国本先生很快写信给胜利油田党委书记李晔，谈了在黄河三角洲建大港的设想。当时李晔正为油田无港而焦虑万分，一看侯老建议，正中下怀，立即邀请侯老前去面谈。

侯国本找到侍茂崇说："鲁南大港现在尘埃落定，庆祝会也开过了，这里不需要我这个老家伙了，我想到黄河口建新的海港，你愿意跟我去吗？"

侍茂崇当时正在胶南勘探积米崖港，那也是侯先生建议搞起来的，准备和石臼所大港配套，搞万吨级轻油码头。

听到侯国本要到黄河口开辟新的战场，侍茂崇愣了一下，半晌才说："按照您的建议，胶南县大大小小领导都像打了鸡血似的，整天兴奋不已，唯您马首是瞻。可是这个港八字不见一撇，您拍拍屁股又要走人？"

侯国本说："积米崖港继续搞，万吨小港港址没有异议，建成也没有问题，只是迟早而已。我以前曾和你说过，山东入海只靠一条胶济铁路，脊椎骨虽硬，但是没有翅膀的鸟是飞不起来的。鲁南大港只是山东一翼，搞好鲁北大港选址和建设，才能真正实现山东两翼腾飞的梦想！"

侍茂崇说："以前我曾和您说过，您是海洋战略专家，您振臂一呼，我就冲锋向前。但是黄河口建港，我是想也不敢想。我的一个学生叫辛继厚，在黄河口搞潮汐观测，一次来青岛看望我，他说那个地方不是人待的地方，几十里无人烟，只有蒿草、蚊子和兔子，今天验潮尺还在水里，明天验潮尺就到岸上——淤积太厉害了。您敢在那里建港？"

侯国本："寸有所长，尺有所短，和石臼所大港相比，那里条件是不好。可别一竹竿打翻一船人，百里海岸一个地方也挑不出来？你是学水文的你知道，五号桩有个无潮点，我认为那里可以作为首选。"

积米崖港野外调查工作已经接近尾声，侍茂崇决定陪侯国本走一趟。

在胜利宾馆，侍茂崇第一次见到了脚穿草鞋风尘仆仆的李晔。他当时是胜利油田总指挥、东营市委第一书记，接待大家非常热情。但是吃饭时他不上饭桌，只叫副手陪同。其间用白水代酒，要给每人"敬酒"。陪同副手一再向大家解释：李晔书记从不上正式宴席陪客人吃饭，要大家谅解。

这些举动使侯国本、侍茂崇受到很大震撼。党的高级干部，仍然保持中华人民共和国成立初期艰苦朴素的作风，赤子之心，清晰可见，遂暗下决心要为这位艰苦创业的书记解除后顾之忧。

李晔告诉侯老，现在油田的一砖一瓦都要从仅有的几条公路运来，运输能力低，建设周期长。如果能开辟一条海上通道，胜利油田每年将节约上千万元经费，可以增产原油几十万吨。

"黄河三角洲一样可以建港！"侯国本先生斩钉截铁地告诉李晔，"渤海湾为内海，台风侵袭较少。黄河三角洲是半日潮无潮点所在地，潮流强，潮差小。潮流强，泥沙不易淤积，潮差小，进入港池的泥沙也少。黄河改道那是老皇历上的事，三角洲要发展，就要整治黄河，要么不让它改道，要么在人工干预下有计划地改道，所以可以在无潮点建港的。"

一向以干事创业为本的李晔听了侯国本的话，激动万分，表示要全力支持他们的调研工作，争取早日建成黄河口大港。

二、元宵佳节初访"五号桩"

在淤泥质海岸，只要水动力条件适合，同样可以建港，这是一个重大的理论突破。

在与李晔谈话之后，侯国本他们便开始对黄河三角洲南起广利港、北到五号桩这段长达150千米的海域，进行水文、地质、地貌等调查。

1983年农历正月十五，我国传统的元宵佳节，寒风凛冽。

山东海洋学院党委副书记王滋然，副院长徐家振，侯国本、侍茂崇以及司机一行5人冒着寒风，坐着越野车行驶在黄河三角洲的荒原上。

胜利油田专门安排了陪同人，引导开车路径，介绍情况，安排食宿。

此次行动主要是为即将开始的黄河口各项调查工作做前期准备。

冬天的黄河三角洲苍茫、空旷，目之所及是一望无际的衰草。

那个时候，三角洲上根本没有人工铺就的路——不管是石子路还是柏油路，只有石油运输的汽车在荒地上碾压出来的土路，坑坑洼洼。

当时陪同他们的胜利油田指挥部的同志曾开玩笑地说："这里没有路，也可以说到处都是路，你想到哪里去，都能走得通。"

一路走来，没有鸡鸣狗吠，没有扶摇直上的炊烟，更没有隆隆驶过的现代交通工具。

汽车在高低起伏的原野上行驶着，驶过沟堑时，汽车的底座卡在冻得坚实的坎上，只有空转，不能前进。这时他们就要下得车来，从后备厢取出早已准备好的铁锹，费了好大力气将坎铲去，小心翼翼地让汽车开过。

经过四个小时颠簸，摇晃得骨头都要散了架，他们终于来到由众多刺槐掩映着的一处平房院落，这就是有名的军马场。

早在20世纪60年代，因为这片土地上芦苇长势茂密，济南军区部队在这里建了养马场，最多的时候有上万匹军马在这里放养。现在这个使命可能已经结束，因为他们前后左右寻找一圈，只在棚子里看见一匹枣红马，是工人作为临时代步之用。

刚刚得以休整，他们就得告别军马场热情接待的工人，继续往"五号桩"进发。

"五号桩"，位于莱州湾和渤海湾的分界线上，是黄河三角洲的顶点。最早的一口靠近海边的钻井平台叫五号钻井平台，尽管后来井架早已撤离，但是"五号桩"成为至今使用的地名。

那里将是未来黄河大港的选址之一。由此大家相信：自此以后，"五号桩"将作为这里永久的标识，成为黄河下游人民控制黄河游移的佐证，这也是历史对拓荒者的垂爱。

又经过一段漫长的路程，汽车总算到了"五号桩"。

石油工人早已经撤走，只留下油迹斑斑的高台。他们爬上高台向东瞭望，只见滚滚黄水挟带着密集的冰块，挤撞着向前流去。冰块大者有二十几个平方米，小冰块也有几个平方米。不少冰块在浪的推动下，碰撞、堆积成小丘，上面站立着几只海鸥，在凛冽的寒风中无精打采地缩着脖子，一副毫无生气的样子。

流到岸边的冰块，千姿百态，形状各异。大家跑过去捞起一块冰凌舔一舔，凉冰冰的，略带咸味。

这时，侯国本他们暗下决心，夏秋季节必须结束各项调查，冬天的流冰可是招惹不起的。

他们发现"五号桩"南边有一个深入陆地的小湾，将是未来停靠调查用的小船之地。

返回的路上，大家的心情稍微轻松了一些。这才看到不时有兔子从车旁跑过，过去人们把绝顶荒凉之处称为"兔子不拉屎"地方，但是这里却到处都有兔子屎。由于这里一年四季水草不断，无人干扰，又没有污染，野兔自由自在疯长，因此体大膘壮。

　　20世纪70年代之前，每到秋天，持有猎枪者，都会身背干粮到这里打野兔。一个好的猎者，一天下来打十几只兔子是小菜一碟。幸存的野兔子为此变得更加胆小，隐藏和伪装成为它们生活的主要内容。"狡兔三窟"被它们在实践中熟练地运用起来。

　　当然，侯国本一行可不是去逮野兔子的，回城的路上他们就在车上商讨着下一次的调研事宜。

三、刻骨铭心的"蚊子遭遇战"

1983年夏天，侯国本、侍茂崇等5人乘坐中吉普赶往"五号桩"，登船进行夏季调查。

侯国本先生作为顾问，自然要亲临现场检查一下五条整装待发的小船。一路走来，他不断和大家讨论船位布设和观测项目。他最希望大家能取得大风天气海水的泥沙含量。

黄河三角洲土地严重碱化，不长树木，只有那最不怕盐碱的盐蒿和一些野生的杂草生长。

夏天，三角洲绿色的原野比冬天要有更多的生机。

绿，是一种原始生命力的暗示，当铺天盖地的蒿草展现在面前的时候，一股蓬勃的力量在血液中奔流，使你对生命有一种永恒的企盼和追求。

在深可齐腰的盐蒿和杂草中，一股淡淡的香草味弥漫在空气里，其中似乎还能感觉到咸咸的味道。被汽车惊扰起来的蚱蜢和草虫，窸窸窣窣在车前车后跳动。草原深处，有时会突然出现一泓碧蓝的池水，水质清澈，但是，却看不到一条游动的鱼。只有生长在其中的水草，随着流势轻轻摆动。

到了"五号桩"以后，他们在报废的集装箱里面安好蚊帐，就算安营扎寨下来。

他们简单吃了一些随身带的食品，然后在海边向远处瞭望，看一看他们借用的五条渔船是否来到。

五条船不能靠岸，只能在1000米外抛锚，然后由舢板靠岸将侍茂崇等三人送上渔船，联络信号是在岸边点燃一堆篝火。在这衰草连天的荒原上，找一捆可以燃烧的茅草易如反掌。

侯国本先生也想出海，被侍茂崇断然拒绝了，因为黄河三角洲天气变化莫测，以他64岁高龄，出海是很冒险的，以后的事实证明了这一点。

在瞭望过程中，那令人讨厌的蚊子总是如影随形般跟着你，对你身体所有裸露的部分，如脸、脖子、手和小腿叮咬下去，不消片刻，被叮咬部分就布满红疙瘩，奇痒难忍，这种记忆让人刻骨铭心。

按理说，盐碱地没有水，怎能滋生这么多厉害的蚊子呢？后来才知道，这里地势低洼，风暴引发的潮水登陆之后遗留下来的浅浅池水，再经过蒸发浓缩，其中盐度高达40以上，水质咸苦，连海鱼都难以生存。

但是，这里却是蚊子滋生地。在咸水中繁殖的蚊子，比淡水中滋生的蚊子要厉害十倍！黑黑的，个头大，飞起来悄无声息，偷袭的本领特强。当地有个说法叫"三个蚊子一盘菜"，足见蚊子的个头有多大。如果画家搞一个蚊子特写，大眼睛、大翅膀，对人虎视眈眈，一定非常有趣。

据说，咬人的是雌蚊，喝过人血，产卵会多10倍，不过咬人只有一次，寿命只有一天。侍茂崇和侯国本开玩笑地说，应该在"黄河三角洲旅游指南"中写下："这个季节对你不离不弃的只有蚊子！"

篝火连着浓烟燃烧了一个多小时，也没有等来小船。只有海天相连，月华如水。

侯国本先生建议大家早些睡觉，养精蓄锐，为明天登船作准备。大家钻入蚊帐，身下是衰草，上面铺着随车带来的薄薄棉垫。侍茂崇叮嘱侯先生要把蚊帐掖紧，侯先生则说，他最不怕蚊子，年轻时在西安读书，条件非常艰苦，根本没有蚊帐可挂，同睡地铺的一屋学生共同"分享"蚊子的叮咬。说着说着，侯先生很快鼾声如雷。侯先生的鼾声有他自己的特点：虽然分贝很高，但是节律非常一致，对别人的骚扰可以降到最低。

第二天早晨起来，蚊帐上爬满黑色的蚊子！侯先生的半边腰部呈现出黑黑的一片，那是蚊子叮咬之后的印记！由于侯先生体胖，一边身子挨着蚊帐，蚊子长喙正好从蚊帐的空隙中叮咬，且无被拍死之虞。司机也满脸痛苦地说，他与蚊子战斗了一宿。

后来侍茂崇从一篇文章中看到，黄河滩上的蚊子多得不可胜数。石油工人李双全想统计一下野外石油工人住地蚊子的密度，做了一个有趣的试验：把10多平方米的工棚空一晚，天黑敞开门窗，挂个照明灯，第二天一早把门窗关闭，喷了灭蚊子的敌敌畏，然后进去扫死蚊子，竟扫出满满一簸箕，差不多有一斤；有一农户家一头牛病了，晚上灌了药，第二天一看它死了，身上覆盖大约几万只蚊子，鼓着满肚子牛血，飞不动了。原来这牛有病，无力甩头摆尾驱赶蚊子，生生被蚊子咬死了。日夜奋战在这里的石油工人啊，真是一群朴实无华的劳动者，坚忍不拔地默默做着奉献。

吃过早饭，大家就登上小船。侯国本先生再三叮嘱大家注意安全，他将在广利港临时居住的集装箱那里等着他们。谁也想不到，此次轻松道别，差点成了永诀！

四、海上突遇飑线，死里逃生

侯国本先生在油井旁边向大家挥手告别，侍茂崇他们也满怀激情地将船驶向目的地。

虽然船只的晚到曾使大家心中忐忑不安，但是清晨天气很好，驱散了心中的"雾霾"。天边一道长长的橘红色朝霞，不断变幻着色彩，近处海水蔚蓝，映衬着漫天朝霞。风轻云淡，正是出海的好天气。

中午刚过，海面上仍是2～3级风，天空灰蒙蒙的像是要下雨，但是雨又偏偏下不来，弥漫着一股闷人的潮气。

侍茂崇从那灰蒙蒙的天空和海面上不易察觉的长浪预感到潜在的危险，黄河三角洲海域天气一向任性而乖张，充满破坏欲。

侍茂崇想要舢板迅速靠岸，尽量找一个潮水沟隐藏起来，又要五艘调查渔船向他靠拢，以便根据风力大小决定采取何种措施。但是岸边没有任何可以避风的港湾，离住地广利港最快航行也要6个小时。这时一种长浪传了过来，船身剧烈摆动，船首迅速下落上翘。

天阴得很快，低空中有一种奇异的瑰丽色彩，像画师随意用颜料涂抹上去，金黄流苏，铅灰含冰，混乱零落。天边乌云滚滚，海平线上又出奇的亮。

风突然增大了，一下增加到8级。整个周围都鼓满了风的号叫。海上掀起一排排白帽似的浪花，甲板上翻滚着白花花的海水，排水孔来不及排泄。一会儿雨就来到，似千箭万矢，将整个海面射得满目疮痍，水沫乱飞。

船身不停地摇摆，刚把积水泼出去，海水又从另一边栏杆上灌进来。

船头不时高高翘起，又笔直落入水中，船头的水哗哗地涌向船尾，冲向舵楼的过道，扫过上甲板，又从尾部栏杆上腾空而去。船头上翘下落，就像童年玩的跷跷板，不过要比那个玩意惊险得多。

侍茂崇躺在驾驶室的小舱内，身体随着波浪在墙板间撞来碰去。每一个巨浪袭来，船身咯吱咯吱地发出"呻吟"。他想到绑在船尾甲板上的仪器和几天来辛苦采来的样品，只好趁摇摆的间隙爬上甲板，让船长把那被大浪打翻的筐筐和在甲板上到处滚动的样品瓶，迅速收集在一起。

侍茂崇指挥船长将船向南驶去，因为他知道黄河口北边有一个烂泥滩，那里可以临时避风。

经过三个小时殊死搏斗，终于来到这个闻名已久可从未谋面的烂泥滩。这个烂泥滩虽然位于黄河口北缘，平日这里并没有什么特殊的景观，既看不到岸边抗盐碱的芦苇衰草，也看不到黄河口拦门沙构成的浅滩，只有略呈黄色的海水和偶尔飞过的鸥鸟。

但是，风浪一来，海水就变成由一个硕大无比的大锅中熬出来的"苞米稀饭"。任你波浪再大，传播到这里，就被这黏稠的"苞米稀饭"吸收殆尽。渔船到了这里，尽管头顶上狂风嘶叫，船身却纹丝不动。

站到舵楼上向远处眺望，在这盛满"苞米稀饭"的大锅边缘上围绕着由浪花构成的密密匝匝的白色花环。这锅"稀饭"到底有多厚？用测深锤测量，5米还未到底。水里泥沙浓度有多大？估计一立方米水体中至少有100千克。因为这里海水盐分每立方米水体中就有29千克。

侍茂崇装了几个不同层次泥水样品瓶，后来分析结果，每立方米水体中最多含量也只有5千克。这个量远远低于想象的数据。由此表明，这里无浪，并不仅是这些泥沙的功劳，主要是松软的海底成了波浪能量的陷阱！

这是上天对渔民的厚爱，20世纪80年代之前，在200多千米长的海岸线上无港可停，只有浅浅的潮水沟能乘潮进出。在黄河三角洲外面捕鱼，遇上大风，到最近港口避风要5~6个小时，而黄河口两边的"烂泥滩"就成了绝佳的避风家园。

两天以后，调查队员到了广利港驻地，那集装箱式铁皮屋顶被大风掀得七零八落，铺在地上直径5～6厘米的碎石，也被风旋成一堆一堆又一堆。大家再次感觉到与死神擦肩而过的惊悸。

侯国本先生一见大家一个不少地回来了，高兴万分，一一握手到手都麻了！他对侍茂崇说："我已经叫人买了一箱啤酒，放在我的屋里，叫大家拿去压压惊！"

喝了侯先生的啤酒之后，大家心中对气象台的愤懑减去了不少，打电话问东营气象台，为什么没有预报出这次大风？

气象台解释说：这是一次飑线突发，来得快，去得也快。黄河口飑线风力会突然增加到8～9级，还伴有暴雨和冰雹。这次风力最强，阵风达到10级，延续时间也是最长的一次。希望下次要多多当心，云云。

劫后余生，本来大家的心中憋了一口气，好在有惊无险，听气象台这么一说，心中也就释然，一场有惊无险的遭遇过去了。

五、建港思路受到中央领导鼓励

"三角洲无潮点可以建港"是侯国本先生的主要理论依据。

无潮点在哪里？茫茫大海里看不见，摸不着。许多文章都说在"五号桩"附近，但"附近"是不行的，必须找出确切位置，以便布置港址。

经过两年多艰苦细致的调查研究工作，侯先生认为，黄河三角洲的神仙沟沟口形成一个无潮区。无潮区的特征是潮差小，流速大，不会淤积，加之该区域沉积动力条件良好，属蚀退型海岸，冲刷能力较强，这恰是建设深水大港的良好条件。

"无潮点"成了一块通灵宝玉，有了这块"宝玉"，港口就有了赖以生存的基础，就有说服那些暂时反对建港者的"理论依据"。

1983年12月11日至19日，是农历十一月初八到十六，历经大中小潮，是他们选定的找寻"无潮点"的最佳时机。

海军出动一艘大登陆艇，锚泊在3千米外海面，配合山东海洋学院"东方红"号调查船和临时雇来的5艘小渔船，在"五号桩"外面直指东北方向一字排开。两个班级的实习学生经过出海前一段时间的训练，分别登上7艘船，进行长达8天的连续调查。

侯先生认为，这段时间里，天空月亮从半圆到圆，月亮的清辉照耀，有助于船上仪器操作，也可以减少黑灯瞎火的恐惧。

侍茂崇问侯老："侯先生，你的能量也太大了，居然能调动海军参加调查？"

侯国本："我也是破釜沉舟了，现在外面反对声一浪高过一浪，拿不出无潮点的确切数据，我们就过不了关。我哪有能耐搬动海军，那是我鼓动李晔，李晔去找北海舰队司令搬来的救兵！”

按照侯先生想法，冬天天寒地冻，学生们是第一次出海，第一次出海的人，不可避免地对风、对浪、对海水产生惧怕心理。有了海军庞大的登陆艇，可以给学生壮胆。

但是那几天尽吹北风，天气阴沉，滴水成冰，待在两条大船上尚好，而待在5条小船上则寒气刺骨，苦不堪言。虽然小船上都配备了棉大衣，但后来下船时有的学生手上还是生起冻疮。当时的“五号桩”岸上，衰草连天，只有石油工人的简易箱体房可作临时避风所。侯老要上船，大家考虑他年龄大，就留他在岸上指挥。

1984年，侯国本联名侍茂崇、崔承琦、沈育疆、沈谓铨等人撰写了《黄河三角洲无潮区深水港港址可行性研究报告》，提出在黄河三角洲无潮区可建深水港港址的论点。

研究报告从气象，水位，波浪，潮流场与余流场，黄河口泥沙运动规律，黄河口三角洲的地质、地貌、地基、矿物、沉积、交通及黄河口流路等诸多方面，翔实、客观地论证了在渤海湾黄河口附近无潮区可以建设深水港的观点。

侯教授同志：您好！
您给赵总理的信前些天已送上。最近石油部转告：总理已经看到，并表示一定要抽时间到现场来视自看看。
黄河三角洲建设[illegible]输油港口是件有重大深远意义的大事，已经引起党和国家的高度重视，望能尽量准备有关资料，以便总理来时请您当面报告。
致以
敬礼
李晔

⊙李晔写给侯先生的信件

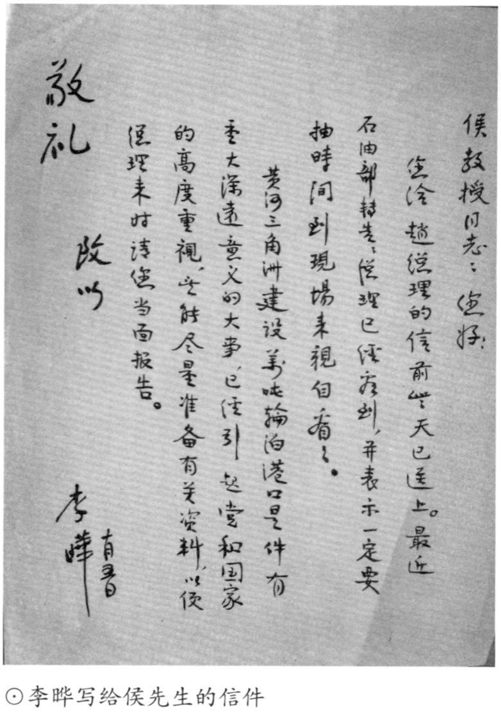

1984年2月初，国务委员康世恩和山东省领导苏毅然、梁步庭听取了侯国本先生的专题汇报。

2月13日，中共中央总书记胡耀邦在东营接见了侯国本先生，听取了关于在东营建设黄河海港、稳定河口流路及黄河三角洲开发利用的汇报。

4月8日，国务院主要领导在东营接见了侯国本先生，侯先生再次向中央汇报了开发黄河三角洲的战略意义和开发远景。

6月10日，康世恩受总理委托，带着50多名专家来到胜利油田，对侯国本教授提出的论点进行实地验证。

侯国本教授之所以提出神仙沟无潮区可以建造具有多种功能的深水大港，是因为这里海水流速急，细砂旋即被冲走，粗砂沉淀，海底坚硬。

为检验海底的坚硬程度，康世恩、李晔和侯国本教授共乘一辆小汽车，在浅滩上行驶，车轮飞转如故。从深水海底挖出的砂在岸上铺了一条宽2米、长6米的路，10轮大卡车在上面奔驰，车轮照样飞转。康世恩看到这一切，高兴地说："好！太好了！"

康世恩听说有些人反对在无潮区筑港，风趣地问侯国本："您老有没有心脏病？那么多人提反对意见能受得了吗？"

侯国本教授微笑着答道："手里有真理，就掌握了雄狮百万，攻无不克，战无不胜。"

康世恩被这位老教授的豁达胸怀深深感染了，连声称好。

六、论证会上挺港派"舌战群雄"

1984年9月10日，山东省委书记（当时设第一书记）苏毅然等领导主持在东营召开"黄河口三角洲无潮区建设深水港港址论证会"。

与会人员既有泥沙专家、建港专家、黄河稳定流路专家、海洋动力学专家，也有东营市各个大局的代表；既有才思敏捷的青年才俊，也有学识渊博的学界元老。200多名学者济济一堂，大多有备而来，气氛外松而内紧。

侯先生一边要大家将调查资料准备就绪，对各种问题作好最佳回答的准备；同时认真接待旧日战友，消除他们疑虑的目光。

会议开始，由侍茂崇介绍潮汐、潮流和泥沙情况，王涛介绍波浪计算结果，北海分局代表介绍海冰、大风历史资料，侯先生主要阐述了无潮点问题。

他说："从渤海海峡进入的潮波分成两股，分别从莱州湾和渤海湾两个方向在五号桩那里交汇，并形成一个无潮区。无潮区的特征是潮差小，流速大，根据我们实测结果，无潮点就在五号桩向东北方向2千米处，最大潮差只有26厘米，潮流速度最大在150厘米/秒以上。以半日潮流为主，潮流椭圆长轴方向近似与岸平行，它携带的沙也是沿着海岸方向运动。加之该区域沉积动力条件良好，属蚀退型海岸，冲刷能力较强。这恰是建设深水大港的良好条件。淤泥质海岸的无潮区完全可以建港……"

他的话尚未讲完，下面会场上像平静水面吹来不大不小的风，泛起一阵小小波动，随之一片"嗡嗡"之声响起，有人迫不及待站起来发言。

首先，办公地点设在郑州的黄河水利委员会代表站起来反对这个方案："黄河改道是平均10年一次，有时5～7年就会突然改道。1976年黄河从现在的五号桩附近改到南面70千米处清水沟流路，从卫星图片上看，清水沟流路大限已到。再往南改道，回到50年代之前的淄脉沟流路，可是东营市居于要冲，又有广利港挡道，改道那里显然不行。按照我们的规划，五号桩将再次是80年代末黄河改道的入海口。人定胜天，那是我们自励的口号。黄河改道的自然规律人类尚无法动摇。你们把大港建在那里，泥沙、河水将对你的陆上建筑和海上设施构成严重威胁。你们如何面对这种严酷的事实？"

这位发言者，慷慨激昂，言辞犀利，颇有大江东去、滔滔不绝之势。是的，如果按照统计学规律，一条曲线外延，必然是重复已经发生的规律。就像今天我们用潮汐资料研究逐年的海平面变化，最后得出10年、20年，甚至百年之后海面将升高多少厘米。于是上海宝钢厂也不安全了，某某海岛也将面临灭顶之灾，如此等等。他的发言有一定代表，会场不少人频频点头。

侯先生扫了一眼群情激昂略带骚动的会场，陈述了自己的观点："是的，黄河改道过去是有3年、5年和10年的规律，那是在黄河三角洲尚处于蛮荒情况下河道迁移的自然规律。河床抬高了，水往低处流，那就挖一条引洪渠道，将滔滔洪水引向低洼处入海。但是，今天东营市、胜利油田要发展，土地已经成为宝贵资源，因此这规律要改变，引沙减排，挖沙降河，稳定流路是当务之急。黄河三角洲要像长江三角洲、珠江三角洲那样，成为金三角、银三角。你过三五年就改道一次，老百姓就没有心思住在那里，更没有心思开发那里。因为他们总是居安思危，担心有朝一日那里再次成为黄泛区。这样一来，大片土地永远保持黄沙和盐蒿的蛮荒世界，我们能心安理得？况且，五号桩已经发现大油田，黄河即使改道，也不能再走那里。"

侯先生讲话慢声细语，像一位善用工笔的人，一笔一画，很细致，很耐心。挺港派刚刚提起的心，听了侯先生这番分析，这才将心放回原位。

南方的科学家对反对在连云港建大港记忆犹新，一位科学家质问侯老："过去你反对在连云港建大港的理由是连云港泥沙太多，可是这里泥沙比连云港还多！连云港的泥沙是1855年以前的陈沙，只是在风浪作用下沉沙泛起而已！而你这里却是源源不断地从黄土高原来的新沙。平均每年10亿吨，使得三角洲每年向外延伸2.3千米，这是不容否定的事实，你却说这里是优良港址，前后判若两人，我们百思不得其解。对此，你做何解释？"

这位专家的发言，又快又狠，言简意赅，话里有话。

侯国本不慌不忙地说："是的，同是泥沙，我却有截然不同的看法。为什么呢？外在环境变了，动力环境出现差异，后果就会不一样。泥沙多不一定可怕，可怕的是泥沙进航道。这里是无潮点，水位没有升降，港内水和外面没有交换，泥沙就进不来。但是，连云港不是无潮点，而恰恰是潮振幅最大的地方。大量的含高泥沙的水进入，就容易造成港口和航道的淤积。"侯先生语速仍然很慢，脸上一副风轻云淡的样子。

甚至在石臼港和连云港选址大辩论中支持过侯老的一位海港专家也起来质疑："现实版的塘沽港，每年航道挖沙不止。泥沙都来自黄河，五号桩距离现在黄河口比塘沽港距离现行河口近得多，黄河每年来沙10亿吨，只要其中千分之一进入港池，你这大港也就报废了。莫非黄河泥沙对你侯老特别优惠，绕过你的大港另走别径？"

侯老轻轻地对昔日老战友这样说："我不担心淤，我现在担心冲。自从黄河1976年在这里改道向南之后，这里水深已加深3～5米。"

一位女记者，看起来很文艺，长长的直发，着一件靛青色棉麻连衣裙，白皙的脖子上挂着一串珍珠项链，她见侯先生忙于应付那些专家的质疑，就询问侍茂崇：

"侍老师，侯老师讲的我不懂，你再讲一讲什么是无潮点？"

侍茂崇说："你这个问题太大了，大到要从宇宙讲起。我还是删繁就简地给你说吧，无潮点就是这里潮差最小。你有没有这样的体验，一个脸盆中注入半盆水，然后用手使水沿盆边转动起来，这时盆边水高，盆心水最低。'无潮点'就在那个盆中心。"

记者："你的意思，五号桩就是盆心？那盆边在哪里？"

侍茂崇："盆边就是整个渤海。推动水旋转的是一只上帝之手——引潮力，是月亮和太阳共同作用形成的。"

记者："盆心应该在渤海中间，怎么会跑到岸边？"

正当侍茂崇要进一步解释时，侯国本先生遇到一个更加棘手的问题，需要侍茂崇出面解释。第一航务工程院一位从事港口设计的专家问道：

"侯先生，按你说法五号桩最好，其他地方都退而求其次，可是我听说广利港是个很好的渔港，能不能将那里深挖、改造？"

还未等侯老接茬，侍茂崇赶忙接过话头回答：

"最初，我们就在广利港安营扎寨，调查发现：在广利港出海航道半途，和淄脉沟口交界地方，水深超过10米，我们认为那里将是万吨船坞之处！可是再往前走，航道越来越浅，最浅处不足半米，连20吨渔船都很难通过。那里有一个大大的拦门沙，是大船无法逾越的沙坝。"

此时会场有些混乱，大家七嘴八舌抢着说："可以挖。""可以疏通。""我们要实地看一看，不能听你们一面之词！""广利港可以备选！"甚至有人打趣地说："不到广利非好汉！"

会议到此再也无法进行下去，主持人决定全体专家亲自到广利港考察一番。

七、实地验证广利港拦门沙

黄河三角洲，以垦利县宁海为轴点，北起套尔河口，南至淄脉河口，那里有一个渔港——广利港。

会议主持人既然决定现场考察广利港，侯国本他们也觉得无可非议，但是交通船却无法解决：如果从广利港上船出海，那里只有渔船，每条船只能坐8～10人，既无栏杆，也无桌椅板凳，只能坐在甲板上。4～5个小时蹲坐，再加上晕船，恐怕连休克的事情都会发生。何况还有耄耋老人，体质衰弱的耆宿，甚至还有女记者，如何处理内急都是问题。

侍茂崇对侯先生说：

"这是一次冒险，您无法承担这次冒险所能出现的后果，把组织工作推给会议组织者吧。"

侯国本说："体弱多病年长者可以动员不要上船，其余的人上那5条小船如何？时间也不要那么长，两个小时可以了。"

好在这时黄河水利委员会代表十分仗义，对侯先生说：

"侯老，我们'黄河一号'刚靠垦利旁边浮动码头，明天我叫船长送你们到广利港外面，其他由你们安排。"

"黄河一号"是黄河水利委员会专门从事黄河三角洲水文和泥沙调查的200多吨调查船，双体、平底结构，适合黄河口水浅、多滩的复杂地形，有半米水深就可通过，即使搁浅，也不会下陷，等潮水一来，自然浮起。

侯先生自然非常感谢，侍茂崇的心中也五味杂陈：尽管辩论会上唇枪舌剑，似乎势不两立，但是科学家的心胸都是豁达、大度的。对事不对人，关键时刻不会袖手旁观，毅然挺身而出，帮助解决难题。和他们相比，侍茂崇觉得自己倒有些小肚鸡肠了！

第二天上午，由侯先生陪同，一行100多人乘坐"黄河一号"由黄河河道出海，顺便看一看黄河海堤、入海泥沙和淡咸水混合的壮观场面；侍茂崇则从陆地赶往广利港，带着租来的5条20吨的渔船，一字排开，在入海口迎接他们，并提供小船让专家使用。

下午2时，"黄河一号"缓缓驶到广利港入海口，5条渔船也在口门迎接他们。那天天气很好，可是仍然有人晕船。那位很文艺的女记者，似乎刚从梦幻中醒来，脸色略显苍白，站在侯老身边，似乎等待侯老安排。侯先生一路陪同天津大学副校长赵今声教授，此时见到侍茂崇和他率领的船队，就问侍茂崇："拦门沙在哪里？我们是不是可以上去？"

侍茂崇告诉他们：

"现在拦门沙就在你们船的左前方，你们船最好抛锚停下，然后一部分人上小渔船，由渔船将你们运到拦门沙附近，赤脚上滩。同时建议年龄大的人不要下船，可以从船上看到下船的人在拦门沙上行走的情况。"

赵今声教授想要下船，被侯国本先生阻止了，渔船船长老王将赵教授连拖带拉接回到渔船上。侯先生则挽起裤脚，脱掉布鞋，和侍茂崇一起站到水深只有20厘米的拦门沙上，又陆续下来20多人，那位女记者也兴高采烈地脱掉皮鞋，在浅水中来回走动。可能脚下那硬硬的细砂和凉凉的海水刺激，众人显得异常兴奋！这时侍茂崇将他们聚拢到一起，告诉他们：

"脚下沙子虽然很硬，但是不要反复踩！否则硬沙就变成流体，从你脚下溜走，你站的地方水就变深，就会浸湿你高高挽起的裤脚！"

侯老此时也高兴得很，为了避免意外，一位渔船船员架着他的胳膊，向远处踏勘，脚下不时激起一溜白水。

侍茂崇则继续和专家聊天："我在拦门沙上曾挖过一个坑，旁边竖一根绑有红旗的竹竿作为标记，第二天我再到竹竿前检查，那个坑已经恢复原状。这就是我为什么反对挖拦门沙的理由。但是我的竹竿下却出现了一个浅浅的小坑，原来潮水流动使竹竿颤抖，竟将泥沙搅稀，顺流而去。"

"拦门沙是怎样形成的，你们泥沙专家有各种理论，你们坚持挖沙，我也似懂非懂，但是我的试验却是实实在在的。"

　　侯先生经过半个多小时步行勘探，他兴奋地告诉大家：拦门沙顶部大约有30000平方米，至于到两边航行深槽还有多远，尚得而知。

　　下午4时，"黄河一号"催促返航，侯先生也想早些向赵今声教授汇报。大家只好终止勘探。

　　后来就是有人不信"邪"，调集一艘搅吸式挖泥船在拦门沙上工作了一个月，但是挖去泥沙的地方很快就被填满，最终无功而返。

　　拦门沙！神奇的拦门沙！

　　据说，后来山东省科委悬赏100万元来解决拦门沙问题，至今也没有人敢揭这个"皇榜"！

八、东风港也不是理想港址

　　既然黄河三角洲南缘的广利港有拦门沙挡道，暂时不适合建万吨级以上大港，部分代表不甘心就此罢休，于是提出再到黄河三角洲北缘的东风港去看一看。

　　东风港前身是傅家堡子港，位于山东省无棣县境内徒骇河与秦口河汇合处的套尔河西岸。1969年9月建港，1971年货物吞吐量11.5万吨，1985年货物吞吐量26.42万吨。

　　由于诸多原因，更多代表反对赴东风港查看。后来侯先生与侍茂崇还是拿出两天时间去东风港进行实地考察。

　　到了秋天，侯先生等一行数人，在无棣县有关领导陪同下驱车前往东风港。

　　沿途所见枣树林立，红红的小枣挂满枝头，但是树下则是黄沙铺地，浅浅的沙丘随处可见。一阵微风吹过，地面飘起黄尘！这是黄河泥沙沉积于此的见证。

　　东风港和广利港相比，确实有一定规模。港方为我们准备了一个类似大木排的东西，据说到拦门沙非此物不可。

　　侯先生与侍茂崇登上木排，上有板凳可坐。同时有一位专门持有测深绳的工作人员，可按大家要求随时测深。

　　东风港港址是一条河道，受两边堤坝掩护，水波不兴，虽坐的是特殊木排，但可称得上是一次"逍遥游"！

　　但是到了口门，由于外海波浪浸入，坐木排就不那么舒服了，陪同人员要大家穿上救生衣，这里水色清澈，水深超过10米。过了这个深水区，水色立即变黄，深度急剧变浅，又是拦门沙！和广利港具有类似的处境！

回来的路上，路过一个孤立小山，赭褐色，陪同人员告知：东风港所用石料就是来自这里。大家可以下车去看一看，将来东风港扩建，可否继续从此取材？由于取石太多，崖面陡立，地面上到处都是掌心大小的黑色小石块，上面很多小孔，拿在手中轻轻的，像海绵。

陪同人员告诉大家这是浮石，是火山爆发后岩浆与海水相遇之后形成的，可以在海面漂浮。可是当大家问及这里曾是火山爆发之地，陪同人员则说，没有人对此做过考证。他们则建议把此山"封存"，可作为今后一个旅游点供游客鉴赏。

侍茂崇随手捡起几块浮石放入袋中，侯先生问："你对浮石有兴趣？"侍茂崇开玩笑说："这是我们两人身世的缩影。"

正是：浮生浪里漂泊，都是海洋精灵！

九、"我听侯老的，听科学家的"

广利港不适合建大港，东风港同样存在拦门沙的问题。专家辩论会也无法达成一致意见，那么大港选址需要另辟蹊径？

1984年秋天，胜利油田党委书记兼东营市委书记李晔来到青岛，在八大关一家宾馆会见了侯国本先生等人。李晔迫不及待地说："建大港是胜利油田采油的要求，是国家发展的要求。现在仍然举棋不定，将使我们坐失良机。我今天专程到青岛拜访你们，就是要有一个明确答复。你们说能建，在哪里建，我就拍板。"

侯先生再次向李晔书记阐述了"五号桩"位置可以建大港的条件。他说："谁都希望选一个港址像胶州湾大港那样，风浪小又不淤。可是这些优良条件并不是随处可遇。东营市的发展，胜利油田采油、输油所需，急需一个大港临海而立。权衡利弊，五号桩的无潮点是黄河三角洲建大港的最佳选择。"

侍茂崇继续阐明无潮点的利弊："广利港、东风港都看了，那里拦门沙是当前最大障碍。无潮点附近无拦门沙的问题，但是面临悬浮泥沙太多、风浪太大的弊端。可是这两个问题都不是灾难性的。五号桩是在渤海之内，风浪再大，百分之一大波也不超过7.5米，这对于万吨以上运输船是不会构成危害的；悬浮泥沙多这是不争的事实，但是在无潮点附近，流是顺岸流，浪是拍岸浪，浪将泥沙掀起，流将泥沙带走，正如侯先生所说，这里不是淤积大患，而是侵蚀为害。"

王涛则补充："我在这里观测一年的海浪，这里确是渤海大浪区，不过渤海也只是放大的胶州湾，再大也就是7米。万吨轮船在大洋航行中遇到7

米的浪是很平常的一件事情。我们设计的石臼大港波高比这还大。事情吊诡的是，这里泥沙虽多，但却是冲刷区，有的地方与1976年深度相比，已经冲深3米。"

最后，侯先生总结道："黄河改道，过去可以，黄河三角洲渺无人烟，水爱往哪里流就往哪里流，现在东营市在发展，胜利油田在扩大。把大片土地闲置，任由黄河水泛滥，那是一种犯罪。控制黄河流路改道，是今后几代人必须解决的问题。"

停了一下，他又说：

◎李晔给侯国本先生信件原稿

　　"李书记，我有一个设想，在黄河汛期，我们有计划在黄河大堤上开几个口子，将洪水和泥沙分流到广南一带低洼区，造几个水库，既储蓄了淡水，又用泥沙填高了那里土地标高，改善那里盐碱土壤，可以一举四得。"后来广南水库陆续出现，侯先生的建议得到很好实施。

　　李晔兴奋地听完大家的汇报，其间他也提出不少质疑，最终他挥动着右手，斩钉截铁地说：

　　"我听侯老的，听你们科学家的，即使国家拿不出钱，东营市也要自筹资金干起来！"

　　侯先生感到异常兴奋，为了增加胜利油田党委书记兼东营市委书记李晔的信心，随后他撰写了《关于黄河三角洲海港建设与水运建设的设想》的论文。李晔读了侯国本的论文后，激动不已，给他写了一封短信，信中写道："您这篇豪情满怀、富有战略创建的精彩论文，读后深受鼓舞，人间事最为难能可贵的是吼出天下第一声。将来一旦实现了这一宏愿，那我们也就无愧于华夏后代、炎黄子孙了。"

　　在以后的工作中，任凭风浪翻滚，他们同舟共济，患难与共，结成了最好的朋友。

十、"东营港"成为国家一类开放口岸

走过了秋的萧瑟、冬的严寒，迎来了春的明媚。

1985年3月4日至5日，全国人大常委会委员长彭真视察了胜利油田，6月为海港题名"黄河海港"。

随后，国务委员康世恩参加了"黄河海港"奠基仪式，正式拉开了"黄河海港"大规模施工的序幕。

○彭真委员长"黄河海港"题字

1986年，油田专用码头建成。这为原油运输开辟了便捷的新通道，有力地促进了油田的开发与发展。

1993年，根据多年奋斗和积累的丰富资料，侯国本先生与侍茂崇等合作出版了《东营港》一书（海洋出版社出版）。此书突破了在黄河三角洲不能建港的理论论述，填补了黄河史的空白，丰富了黄河发展史的内容，完善了河海建港的理论。正是由于侯国本无潮区建港的理论，才改变了母亲河"有河无航"和黄河三角洲"有海无港"的历史，最终赢得社会各界的喝彩。中共中央政治局委员、山东省委书记姜春云题写书名，彭真、梁步庭、苏毅然、李晔为该书题字作序。该书被誉为"既是一本专著，也是一个名港"。

1988年，"黄河海港"一期工程竣工，交付胜利油田使用。

1989年，将引堤向前延长到2300米。与海港同期兴建的钢管结构简易码头，有2个水深4米、长50米的临时泊位，可停靠2000吨驳船。

1991年11月1日，时任中共中央政治局常委、国务院总理李鹏到胜利

⊙东营大港

油田，视察了黄河大桥、仙河镇、孤东海堤、4511钻井队、老9井，并看望了职工家庭。李鹏总理为胜利油田题词："希望胜利油田为实现石油发展战略，稳住东部，开发西部，作出更大的贡献。"

为开通东营至大连客运航线并解决滚装船停靠的急需，1992年在海港码头西侧建成了滚装船码头。同时，根据国家文件规定，"黄河海港"改称"东营港"，并被国务院正式批准为国家一类开放口岸。

1992年7月由交通部一航局一公司施工承建，1995年9月竣工建成了长156米、宽48.2米、水深4～5米的板桩式勘探开发码头。主要用于胜利油田海洋石油勘探开发物资补给、船舶停靠等。

东营港港池经受住了多年的考验，没有淤积，事实证明了侯国本在无潮区建港理论的可行性。目前，东营港业务已辐射至甘肃、河北、浙江等省份和省内的淄博、潍坊等地市，原来由天津港、日照港进口的货物也更多地转至东营港进境。

东营港充分依托我国第二大油田——胜利油田的资源优势，明确提出了以液体化工品为主的港口建设发展方向，全力打造环渤海液体化工品物流中心和集散地，为腹地石化企业发展提供强大的物流支撑。东营港先后有中海油2个5万吨级原油燃料油码头等一批重大项目投入使用，年吞吐能力很快达到3000万吨。至1995年，航道已冲刷到5.5米深，正在向水深10米区延伸，一个拥有10万吨泊位的大油港呼之欲出。

随着东营港的不断扩建，东营港经济开发区的开发建设也得到了强力推进，实现了从"有港无航"到"扬帆世界"的转变，实现了从"无人问津"到"投资热点"的转变，实现了从"管理空白"到"和谐发展"的转变，正在发生着从"荒碱盐滩"到"滨海新城"的变化。

2001年，侯国本先生认为，东营港可以建第三代国际航运中心，他自豪地说："东营拥有几百亿立方米黄河淡水，可开发利用3万多平方千米的盐碱地，再加上东营港和储油40多亿立方米的胜利油田，东营的明天肯定会更美好！"

根据规划，到2020年，东营港年吞吐能力将达到1亿吨，初步建成现代化的国际物流港。东营全市总产值突破3000亿元，将建成环渤海具有较强竞争力的现代产业聚集区，初步建成临海宜业、生态宜居的现代化滨海新城。

东营港的建设是个奇迹，东营港的故事是个传奇。

在油田人的心中，在东营人的心中，港口的建设，油田的开发，城市的发展，有两个人是最不应该忘记的，一个是老书记李晔，一个是海洋工程专家侯国本先生，他们以"精诚所至、金石为开"的精神，互相鼓励，互相支持，完成了无愧于华夏后代、炎黄子孙的宏愿。虽然两人都已经驾鹤西去，但他们的功业将永远镌刻在历史的丰碑上。

侯国本先生书房的墙上挂着两幅地图，一幅世界地图，一幅中国地图。中国地图在山东省区域上，他自己画了两个红色的圆圈和小红旗，那就是日照港和东营港的位置。侯先生一生倍感自豪的是直接推动了这两个大港选址的论证和建设，改变了山东乃至国家的发展战略。他的贡献在海洋工程界是少有人可比拟的。他的一生充满传奇。

⊙东营港南港池化工码头

第八章

治黄路上人不老

　　1984年《瞭望》周刊报道了侯国本先生治理黄河的理论：
"大河之治，始于河口，黄河不仅要束，重要的是要疏。根据追溯反冲原理，在河口挖沙降河，开通入海口的拦门沙，追溯后推，将河床降下来，稳定入海流路100年，保证胜利油田稳产高产。"

一、倾力调研治黄新方法 🐚

黄河孕育了华夏文明，是中华民族的母亲河。但历史上黄河入海口10年小改道，20年大改道，河尾摇摆，治理相当艰难。

由于黄河水少沙多，缺少水动力冲刷，促使黄河成为地上悬河。为研究黄河下游泥沙运动规律，1980年，侯国本在山东海洋学院创建"河口泥沙研究所"，在海洋动力实验室做黄河泥沙入海口模拟试验。他们研究了黄河口流路，入海口水文、地质、潮流、沉积、破浪、泥沙运动规律等。

20世纪80年代初，他在地质部海洋地质研究所丁东研究员陪同下沿黄河中下游徒步做了长期实地考察，对小浪底水库的建设、山东南四湖的水况进行了长达两个多月的调研，与当地年长的农民，与水文站工作的老水

⊙1982年，侯国本（中）与东营市委书记李晔（右一）考察黄河

文人谈心，并翻阅地方史志，沿着黄河一直到入海口进行考察。回到山东海洋学院，在动力实验室又开始了模拟试验，开始"挖沙降河"的理论研究。这一研究是一种理论创新，是对传统治黄思路的突破。

其后几年，侯国本与有关领导和专家学者连年到一线去考察黄河，深入研究探讨"挖沙降河"的可行性。

1984年2月13日，时任中共中央总书记胡耀邦视察胜利油田，油田总指挥、党委书记李晔推荐侯国本汇报"挖沙降河"研究成果。侯国本向胡总书记、余秋里副总理汇报了利用黄河洪水期的水动力，引洪放水攻沙；建人造平原大水库，沉沙造田，蓄水解决胜利油田之需，同时利用黄河泥沙新造地发展农业等想法。胡总书记听后欣然挥笔题词"地下油洲，地上绿洲"。

1984年4月8日，国务院主要领导视察胜利油田，通知学校要侯国本到东营汇报工作。侯国本详细地汇报了"挖沙降河，平原大水库"的研究成果。最后，国务院主要领导细心听了一个半小时的汇报，在座的康世恩副总理及石油部、省政府领导一致认为这项研究很有价值。最后，国务院主要领导对康世恩副总理说："黄河三角洲的开发要考虑侯教授的意见，深挖河、高筑田。"

6月，山东省政府发出关于成立"黄河口挖沙可行性研究小组"的通知，成立了由50多位专家组成的研究小组。

同年，侯国本与山东省科学院院长尤芳甫等，乘简陋木船，溯河而上，考察黄河河道和黄河水深浅变化。山东省科学院成立于1979年，是山东省最大的综合性自然科学研究机构，前身为始建于1958年的中国科学院山东分院。作为山东的综合科研机构，自然关心黄河的治理。院领导多次邀请侯国本等人商讨治黄对策，1984年终于成行。

侯国本路过陕西潼关看到悬河对陕西的影响，走过渭河流域看到三门峡水库倒灌对陕西八百里秦川造成的破坏，他忧心忡忡，上书陕西省政府，呼吁省领导的重视。后来陕西省政府在1989年5月初召开有关会议，请侯国本就渭河治理专题发表意见，侯教授从六个方面作了精辟的报告，会

⊙1984年，侯国本（左）与山东省科学院院长尤芳甫（右）乘船考察黄河

场反响强烈。

1986年，黄河大港已经建成，此时黄河流路的稳定迫在眉睫。从1855年至1938年，黄河决口达124次，有时向北侵入徒骇河或向南侵入小

⊙1984年，考察黄河三角洲（左起：侯国本、任美锷、文圣常、高荣生）

⊙1985年，考察黄河（左起：侯国本、李晔、任美锷）

清河。中华人民共和国成立后，黄河入海口也数次改道，当时入海口是1976年的清水沟流路，已经10年，按照规律，又到了改道之年。所以，如何稳定黄河流路，确保胜利油田的建设、生产的安全，成了侯国本日思夜想的头等大事。

1986年6月，费孝通、钱伟长、姜春云等领导组织在东营市召开了由200多位专家参加的论证会，专家赞成侯国本"挖沙降河"的方案。

1989年，侯国本为完善"挖沙降河"方案再次对黄河进行了考察。

1990年国家召开黄河三角洲开发会议。侯国本在会上作了《黄河三角洲的过去、现在和未来》的报告，"挖沙降河"观点得到与会人员的认同。事后，国家把黄河三角洲的开发列为重点项目，并在黄河下游投入巨资开始大规模的试验，一时间上百条挖沙船日夜轰鸣。

1996年秋，侯国本在儿子侯永海的陪同下考察黄河。那年8月5日14时，在花园口水文站测得7860立方米每秒洪峰。咆哮的黄河掀起了冲天浊浪，拍打着堤岸，局部大堤承受不了巨浪的冲击而决口，不到一个小时，百里黄河滩区顿时成为一片汪洋。随后他们到陕西渭南、潼关风陵渡，考

⊙1989年，侯国本（右一）考察黄河

察黄河水位抬高倒灌对洛河、渭河、泾河的影响。他们从风陵渡北上，经合阳、韩城到达禹门。韩城有一座司马庙，侯国本在其"高山仰止"的牌坊前驻足良久，然后在走过"河山之阳"牌坊后，一气迈上99级台阶，登上顶峰。东望滔滔黄河，西眺巍巍梁山，南瞰古魏长城，北观芝水长河，他陷入沉思……之后，他又赶去西安参加"沈晋先生从教50周年庆典"。沈晋是水利专家、陕西省人大常委会副主任、民盟中央常委，是侯先生加入民盟的介绍人。庆典上遇见陕西省省长程安东，侯先生借机大谈黄河治理问题，因为陕西地区水系已受到严重干扰，也危及西安地区的安全。会后侯先生被邀请到陕西省水利厅去交流座谈。

1998年，已经是80高龄的侯国本先生不顾年老体衰和高血压疾病，再次踏上考察黄河的征程，而且这次的路程最长。

在侯先生考察黄河中下游时，时常对同行的老师和学生提起相关的往事，以非常崇敬的心情谈到周总理的循循善诱、谆谆教导。他讲周总理制定出的三门峡水库使用、管理原则：上游"确保西安安全"，下游"确保防

⊙侯国本（左三）在风陵渡考察黄河

洪安全"，该原则后来被概括为"两个确保"。

在宝鸡开会研讨黄河流域自然灾害时，侯国本给大家介绍水科院的黄万里和黄委会的温善章如何坚持真理、敢于讲实话的故事。他说，温善章在参加三门峡水库建设时，对于许多问题的看法都能坚持真理，不屈从于权威，敢于对官方的方案提出原则上的修正，这在当时是十分罕见的。因为那时若有看法与苏联专家、有关领导意见相左，是要冒极大的政治风险的。温善章的看法得到了周总理的重视，每每遇到有关黄河的问题，总理时常问："温善章同志的意见是什么？"三门峡水电枢纽在经过近35年的改建、维护之后，基本按温善章最初提出的方案运行。侯国本总是鼓励学生向温善章学习，他认为敢于坚持自己的正确看法，是科技工作者应具有的优良品质。

侯国本先生带领学生对三门峡水库进行了实地考察，并通过与水库的负责人戴总工程师和技术人员的交谈，对水库存在的一些问题有了更深入的认识，三门峡水库的运行使陕西省付出了沉重的代价。

据侯国本后来计算，到1990年，三门峡工程拦沙的结果是：建库前全河淤积，建库后仅从洛阳市铁谢村至花园口一段是冲刷，其余都是淤积，而且向下游逐渐增大，山东省境内淤积竟增加了7倍多，三门峡库区淤积越来越严重，关中平原将成为黄河史上的新灾区。所以，当时侯国本先生就指出，三门峡工程的改建成为紧迫任务。

1992年10月、1993年11月23日到12月5日、1996年4月11日到29日，侯国本也对黄河流域进行过深入的考察。

黄河中下游留下了他深深的足迹。他曾从黄河口的东营，向西而上，踏遍山东省黄河两岸，如滨州、德州、济南、泰安、聊城、菏泽等；从高村水文站到河口的利津水文站，所有的水文站、泄洪区都走访遍；河南省、陕西省的沿黄重要地方也都是研究的重要站点，如洛阳、郑州、花园口、华阴、韩城以及渭河流域的宝鸡和渭河口。所到之处，均与当地领导、科技人员、水库工作人员及居民座谈，了解情况，观察现场。除有关黄河的问题外，他也深入了解当地居民的生活问题，关心他们的疾苦。

所有这些都为他的研究和向有关部门反映问题提供了丰富的第一手资料，很多成为他日后向人大会议提交的议案，以充分维护人民的利益。

在大量考察基础上，并根据多年的潜心研究他在2001年撰写了《治黄河论》一书，系统地阐述了他新的治黄理论和方法。

二、"挖沙降河"稳住了黄河入海流路 🐟

1984年《瞭望》周刊报道了侯国本先生治理黄河观点:"大河之治,始于河口,黄河不仅要束,重要的是要疏。根据追溯反冲原理,在河口挖沙降河,开通入海口的拦门沙,追溯后推,将河床降下来,稳定入海流路100年,保证胜利油田稳产高产。"

这一拯救母亲河的观点在海外华人引起强烈反响,激起华人的爱国热情,无数封支持信飞向侯国本先生的案头。

侯国本曾给学生讲解过这一挖沙思想,并推算出可能的挖沙量:如果每年在河口段挖取3亿立方米的泥沙,就可使河道稳定,不再需要改变流路;若每年挖取5亿立方米泥沙,在山东境内河段就不再需要加高河堤;若每年挖取7亿立方米泥沙,上至郑州的中下游河段就不再需要加高河堤。只要每年挖沙不止,30年后黄河中下游河道内积存的大约600亿立方米的泥沙就会被冲刷掉,黄河就会成为一条较稳定的河。

不过,侯国本先生的这一设想传开后,也引来了不少的争议。

因为按专家最保守的数字来说,5亿立方米泥沙,如果堆成高、宽各1米的长堤,可以环绕地球赤道12圈。要挖出如此巨量的泥沙,难以办到。为此,黄河水利委员会的众多科技人员写信向上反映这一问题,质疑侯国本的提议。

当时,国务院领导认为,之所以会产生这个问题,是因为双方站在不同的角度看问题:侯教授是从海上看黄河,而另一方是从陆地上看黄河。

其实,侯国本"挖沙降河"的思想并非空穴来风,历史上曾有过类似的观点。

其中以明朝万历年间潘季驯的束水攻沙方略影响最大。所谓"束水攻沙"，实际是将支流中的水集到黄河主流中来，增大主流流速，冲刷河底，将沙随水流带走，降低河床，与挖沙降河是一个道理。但是明朝那个年代，挖沙工具落后，要想挖沙降河，岂不天方夜谭？

近代水利学者李仪祉提出了黄河上中下游全面治理的方略，主张在上中游广修水利，植树造林，建拦洪水库；在下游整治河槽，淤滩冲槽和减河排洪。他的"淤滩冲槽和减河排洪"，都是"束水攻沙"的方法。

这一切对侯国本都有很大影响。国家计委和水利部审查通过的《黄河治理开发规划纲要》明确表示，黄河治理需要采取"拦、排、放、调、挖"多种措施。因此，"挖河"也成了黄河治理的重要措施之一。

侯先生"挖沙降河"之论，显然不是"独门暗器"，但是，提出时间恰到好处，当时"黄河海港"上马在即，黄河改道一直是挥之不去的阴影。清水沟流路已经稳定十年以上，是因为上游用水增多，黄河水利委员会已在下游多处采取"沉河排洪"所致。但是，要维持久远，相应措施在哪里？侯先生"挖沙降河"直奔主题的建议，适时开出一剂对症解药。所以，1986年6月在东营市召开的200多名专家参加的论证会上，"挖沙降河"的方案获得通过也就顺理成章了。

这里要特别提到王锡栋这位当时66岁的治黄老人。他是黄河东营修防处的高级工程师，身患肺癌，被摘除了两叶左肺。在与"龙尾"拼搏了16个春秋后，从第一线上撤了下来。这次会议特地将他请至会场，请他出谋划策。在会上他力排众议，系统地提出了以"截支强干，河归正道，打通河门，淤滩涮槽"为主要内容的黄河口治理方案。

侯国本先生将他引为知己，惺惺相惜，相谈甚欢。后来王锡栋成了挖沙现场总指挥，侯先生多次现场拜访。

"黄河改了道，就等于毁了一个华北油田！"所以中央、省市领导对黄河口治理给予了高度重视。与会专家都抢着高度负责的态度对"挖沙降河"的方案提出了改进的意见，最终通过了这个方案，由胜利油田指挥部组织施工。

"挖沙降河"在1988年进行了一次，当年8次洪峰安然入海。

1996年又进行了一次，河口流路缩短了60千米，当年洪水安全通过。

1997年11月23日16时，来自黄委会、东营市、胜利油田等单位的主要领导来到黄河利津崔庄，为人民治黄史上首次挖河固堤举行启动仪式。在1400米长的河段内，26部挖掘机，53部自卸车一字排开，在干涸的河道上挖下了历史性的第一铲。岸边的村民纷纷前来观看这一奇观，他们还从来没听说过给黄河清淤挖沙呢。

2001年至2002年实施的第二次挖河固堤是在河道有水的情况下改用泥浆泵开挖的。黄河统一调水，黄河不再断流，旱挖清淤已成为历史。

2004年开始的第三次挖河固堤试验，则是采用挖泥船配合远距离输沙装置实施。同时，两只荷兰产"海狸"1600型挖沙船也在黄河入海口安营扎寨，启动了疏浚拦门沙的试验。

在黄河治理史上，跨越7年时间，3次组织施工，历经三次调水调沙的挖河固堤工程于2004年6月30日全部结束。挖掘机、自卸车、组合泥浆泵、挖沙船等多种机械设备相互配合，近万人参加，共挖出泥沙1057立方米，加固堤防24.8千米，开挖疏浚河道总长度53.6千米。

观测资料表明，挖河固堤起到了减缓淤积的作用，使得同流量水位下，河床淤积明显降低，为黄河入海流路稳定提供了保障。

与此同时，利用挖出的泥沙加固了大堤，并将荒碱地改造成林木繁茂的堤防淤背区，使"挖沙"与"放沙"有机地结合。

但是，从三次挖河固堤工程示意图可以看出，挖河段都在距利津35千米以下的河口段，只有该段畅通，上游来沙才能顺利下泄。

侯先生出于公心，敢于打破常规，勇于实践，使治黄工作从"挖"字上开辟一条先河，是居功至伟的。

但是，客观地讲，由于多种因素干扰，致使挖沙规模、挖沙时长均受制约，不能持久运行，使"挖"小于"淤"。以"平衡理论"推理，只有"挖"大于"淤"才能改变"淤"的趋势。这如何完成挖沙降河呢？

而且计算一下挖沙成本，每年需耗资近157亿元才能维持河口段现状。

若如此，这是一个庞大数字，谁来买单？还有挖泥船燃油后二氧化碳对环境的污染，也不能小视。

由此看来，挖沙降河的理念是正确的，但是，如果没有综合治理措施，一味地"挖"，在现阶段科技条件下，还面临许多难解的问题。

黄河在我们身边流过，古老的文明在我们脚下延伸。我们不惧黄河的一次次"洗礼"，是因为我们憧憬着黄河的未来。

黄河在注目，历史在凝视，静坐不得，也徘徊不得，唯有与它同行。

三、让黄河更好地造福人民 🐾

　　侯国本教授每年沿黄河两岸山东段考察一次，每两三年考察黄河河南段、陕西段一次。从三门峡水库到引黄济青，从黄河三角洲到黄河支流渭河，他一直在关注、思考着祖国的母亲河——黄河的保护、开发和利用问题。

　　水是关系到人民生活和生产的重要资源，他一直非常重视这一事关民生的大问题。黄河沿岸的城市，每到一处，侯先生都会同当地的领导或者有关部门谈论有关水资源的事情。

　　他继承传统治黄方略中"疏"与"导"的精华，旗帜鲜明地提出黄河的"水"与"沙"都是宝贵资源，并合理有效利用黄河自身的运行规律，有计划、有组织地安排水与沙的去处。

　　山东省年人均水资源占有量是344立方米，仅为世界平均值的4%。侯先生认为黄河每年有200多亿立方米水白白流入大海，实在可惜。如能加以利用，无疑会缓解黄河下游地区严重缺水的状况。

　　在侯国本教授建议下，黄河水资源的合理利用提上了议事日程，国家和省市有关部门召集有关专家进行了考察论证。

　　广南水库，是胜利油田第一个大型人工水库，在支脉沟以北、广利河以南、防潮大堤以西的开阔地带，是一座从黄河引水、主要用于供水的大型平原水库。它占地39平方千米，库容1.14亿立方米，其面积比杭州西湖大5倍，堪称黄河三角洲上的"地中海"，当地人称之为"天鹅湖"。

　　博大的水域清澈明净，是鸟类理想的乐园。这里有国家一、二级重点保护的珍禽丹顶鹤、大鸨、灰鹤、大天鹅等。在天鹅栖息的季节，其动人

⊙广南水库远眺

景象，美不可言。

　　广南水库的湖心岛——太阳岛，又别具一番情趣。假山、凉亭、雕塑、花木及服务设施为人们提供了一个旅游观赏的极好环境。岛上的四角还各有一个生物岛，供各种鸟类栖息繁衍。

　　可以说，广南水库是胜利油田的一颗明珠。

　　关于广南水库前情往事，还得从1982年春夏之交侯国本、侍茂崇一起去东营市和李晔见面讲起。

　　当时主题是选港，实际上内容要广泛得多，其中就有黄河水利用问题。

　　侯国本先生认为，黄河每年有200多亿立方米水流入大海，在中国这样一个人均水资源紧缺的国情之下，实为可惜。如能加以利用，无疑会缓解黄河下游地区缺水严重的状况。

　　大港要搞，黄河水资源的合理利用也应该提上议事日程。

　　侯先生当时特别强调：选港的大敌就是黄河流路不稳定，只有黄河流路稳定，不再改道，我们才敢选址。可是稳定流路，要有措施，除去他一再强调挖沙降河之外，还要减沙入海。

　　当时，侯先生提出了以下建议：

一是宽堤降河。就是把河床中水沙放淤于堤背，或堤内，沉水沉沙，沉淤固堤。当时李晔补充，胜利油田已经用这个方法做了不少试验。

二是放淤改良土壤。利用黄河高于地面的优势，动水放沙，静水快淤。具体做法是：利用引黄闸门输水渠道，向平原水库内送浑水，泥沙淤积抬高地面高程，压制碱水上升；改良土壤，提高农作物产量，或者建立较大水库，蓄水沉沙；清水可以自己用，也可以送到青岛市解决那里的水荒问题。这样可以达到三个目的：解决了用水困难，改善了胜利油田气候，增加了旅游景点。

李晔听到这里，一下兴奋起来，大声说："侯教授，我们想到一块了！油田正在规划广南水库，但是意见还没有完全统一。希望你能进一步阐明一下，帮助我们一些同志消除顾虑。下午我叫规划院的同志陪你们到现场去看一看。虽然现在什么也没有，不过我相信，大港建成之日，也是平湖完成之时。"

下午，侯先生一行四人，乘车前往淄脉沟和广利港附近，对未来广南水库库底进行踏勘。当然那里除去盐蒿、芦苇和少量土屋以及沟沟洼洼之外，再无其他建筑，显得异常空旷。

回到住地之后，晚饭时李晔问有何感受。侯先生建议：水库的东面要尽量靠近广利港，以方便渔民装水、用水和水产品加工；对淄脉沟是放在库内还是库外，要进一步论证。淄脉沟是陆地泄洪的一个渠道，它与渤海直接相通，沟两边生长着高高的芦苇，是一处很好的生态景观，应尽量予以保留。

李晔要他的秘书一一记下，事后要好好研究。

此后不久，东营市就启动了广南水库的设计和建设工作，李晔和侯先生也多次就水库的具体建设事宜交换意见。

时间飞快到了1986年。那一年，为了黄河海港的选址问题，侯国本先生、侍茂崇老师等到黄河三角洲的"五号桩"附近进行了实地考察。

当侯先生等从"五号桩"回到油田驻地时，李晔热情地接待了他们，并告诉他们广南水库已经建起来了，明天就专门请他们去参观水库。

第二天，侯先生、侍茂崇刚走近水库，1000米之外，就能闻到略带潮湿清凉的空气。到得近前，浅浅、清清的湖水荡起满眼涟漪，水深不到半米，据说中间可深达一米。湖底枯草依稀可见，水边只有土路可循。陪同人员半开玩笑说："要不要下去洗个澡？"侯先生边走边看，提出了不少改进建议。

21世纪初，侯国本、侍茂崇因会议再次来到东营市，并且抽空参观广南水库，广南水库已经完全变了样，从"朴实无华"变得"风姿绰约"了。

胜利油田投巨资建造广南水库，不仅改变了长期以来生产和生活用水的紧张状况，同时加速了海滩沉沙改土进程，使油田及市区的数十万人民能在枯水季节安居乐业。

广南水库还被山东省旅游局定为省黄金旅游线上的一个旅游点。库中一山三岛，借水筑园，步步有景，呈现一派园林雅逸。湖光山色，引人入胜。春季，万鸟飞翔；冬季，天鹅云集。温馨高雅的度假村，堪称生态旅游、开会、疗养、美食、娱乐的绝佳境地。

晚年的侯国本先生一直关注着黄河的治理和利用事宜。他还建议在广南水库旅游区建设黄河流域特有的动物、植物公园，黄河流域的历史文化博物馆，黄河流域文艺走廊，等等，向国内外宣传黄河，扩大黄河文化的影响力。

鉴于侯教授在黄河的保护、开发和东营港建设中作出的巨大贡献，胜利油田党委书记李晔是这样称赞的："国本教授对治理黄河、海港建设，高瞻远瞩，独具卓见。他不畏严寒酷暑，啃干粮、喝白水，长期奔波于大河上下，考察古今变迁，广泛征询意见。他倡导兴建黄河海港、平原水库，开发利用黄河水沙资源，挖开河口拦门沙，降低河床，变悬河为地下河，让河水畅流入海，开辟航运，让黄河通往世界。这对黄河三角洲的崛起，对黄河流域经济的发展有重大的深远意义。他治学严谨，立论务实，尊重规律，对历史负责，对民族负责，为振兴中华大业倾心尽力，报效祖国，披肝沥胆，屡次上书，直陈所见，奔走呼号，奋斗不息，精诚感人……"

第九章

护港情注胶州湾

　　随着青岛市黄岛经济技术开发区的迅速发展，人们就设想在胶州湾口建设跨海大桥，以解决"青黄不接"的问题。胶州湾口是青岛港的必经航道，建桥势必影响巨轮和军舰的通航。侯国本随即向政府提出了以隧道代替大桥的方案。后又联名向国务院上书，坚持以保护胶州湾环境和港口功能作为阻止修建湾口大桥方案的理由。之后方案改为中桥方案，最终又改为北桥方案，历经十多年的论证，三易桥址，大桥避开了胶州湾口航道和沧口水道。2006年1月18日，国家发改委发文正式核准批复建设胶州湾海底隧道。侯国本的"不唯上"精神再次被人们称颂。

一、旷日持久的"桥隧之争"

胶州湾是青岛的"母亲湾",胶州湾孕育着青岛港,湾内水深浪小,不冻不淤,是世界上难得的天然良港。

1928年《胶澳志》上记载胶州湾水域面积为560平方千米,1958年国家海洋局北海分局测量水域为535平方千米,30年减少25平方千米,平均每年减少约0.8平方千米;1977年开始卫星航测为423平方千米,1985年为374平方千米,2000年为367平方千米,平均每年减少4平方千米,水域面积缩小了30%。胶州湾内海洋生物品种灭绝100余种,大大影响鱼类栖息环境和洄游规律。由于人为的开发填海造地导致纳潮量减少,进而使海水自净能力降低,生态恶化。1935年胶州湾纳潮量为11亿立方米,1997年实测只有7亿立方米,最大表层水速减少一半。过去由于海水动力循环作用,每天两次潮汐,湾内污物当天可带走自净。无节制地围填使海水动力成活塞式往复运动,污物滞留湾底。

1978年,侯国本出席全国第一届科学大会时就提出"胶州湾保护重于开发"的建议,后来他在给邓小平的信中阐明,胶州湾的主要功能是港口功能,因为湾口至湾底有一条深30~40米的沧口水道,这是非常难得的可建10亿吨级的大港岸线,这也是世界上少有的。

1997年,他在出席北京国际海洋大会时,向时任国家发改委主任曾培炎同志提出在青岛建设北方航运中心的建议。回青后,他联络海洋大学、中科院海洋所、国家海洋局一所、海洋地质所等单位的老教授、老专家,联名上书给时任青岛市市长王家瑞,呼吁保护胶州湾,建设北方航运中心。王家瑞市长批示给予肯定,并指示组织专家研究。

他还和丁东等根据多年对胶州湾的研究成果，1993年撰写、出版了专著《胶州湾港口功能》一书。

20世纪80年代，要在青岛到黄岛之间的胶州湾口建跨海大桥，侯老知道后非常担心，因为青岛是以港兴市，港兴市荣。如果在湾口建桥，航道受限等于把胶州湾的港口功能废了，他不顾年事已高，呕心沥血、全力阻止湾口大桥的修建。

胶州湾口的东岸是青岛老城区，历经百年的建设与发展，设施完善，人口密集，湾口的西岸是一片待开垦的处女地，寄托着青岛的未来和希望。虽然隔海相望，近在咫尺，但因为海湾阻隔，两岸之间交通很不通畅，人员往来很不方便。所以，"文革"一结束，青岛市规划和交通部门就筹划胶州湾通道建设事宜。

1981年春天，青岛市规划设计研究院邀请专家讨论了跨海大桥和海底隧道的建设问题。

侯国本和侍茂崇应邀出席会议。当时法国有一家公司代表也参加了会议，据说有意于工程投资。这次会议讨论内容有两个议题：一是大桥从哪里建起？二是隧道如何选址？对着当时铺在桌子上的胶州湾海图，大家争相比画，侃侃而谈。同意大桥者，认为大桥最好是从大港北面直插黄岛；支持隧道者，则从团岛画一条与湾口水道垂直的线，落点为薛家岛。

侯先生明确支持隧道方案，他说：隧道不破坏胶州湾水动力环境，不会留下后遗症，不会出现海雾阻碍交通的尴尬局面，且符合长期"备战"的战略思想。

此次会议只是漫谈，会议主持人一副"礼贤下士"的姿态，却没有形成任何结论。

1984年，也是春天，青岛市建委在八大关一个宾馆召开会议，讨论胶州湾通道建设问题。

除去以前大多数与会者外，法国外商换成新加坡客商代表。这次会议上火药味很浓。反对建隧道者说：胶州湾口水下地质构造有7条断层，建隧道后渗漏将是无法避免的事。那里水深超过50米，一旦出现裂缝，海水突然涌入，人车危哉！在场不懂地质的人听了这个描述，浑身有一种不寒而栗之感。

而反对建大桥的代表侯国本，则慷慨陈词：首先，建大桥将把胶州湾一分为二，大桥北面是锚地，是避风的好去处，一旦大桥建成，就会丧失这块黄金宝地，如果采用曳拉活动桥面，那将带来无穷麻烦；其次，大桥必然破坏沧口水道，而沧口水道对胶州湾的发展至关重要；再则，大桥会破坏胶州湾水动力环境，加大淤积在所难免，难道在座诸公，愿意成为历史的罪人？听了侯先生的描述，与会者也觉得应该深思。

新加坡客商代表说："你们讨论有些像联合国辩论，各说各的理，各唱各的调。"这次会议仍然无果而终。

1985年3月，随着青岛经济技术开发区在黄岛的破土兴建，一直困扰青岛的"青黄不接"问题更加突出。

走公路的话要绕行胶州湾，路程长，路况差，单程时间至少要三个小时，有时还要遭受堵车之苦；走轮渡，虽然距离近、航程短，但加上两边倒车和等待的时间也得一两个小时；最要命的是海况之困，当驾车从艳阳

⊙侯国本奋笔疾书

高照的市区赶往轮渡码头时，大雾往往不期而至，轮船停开，此时等也不是，走也不是，徒生无奈。

于是，青岛市加速了研究解决青黄通道建设问题，渐渐地主张建桥的意愿占据了上风。

1993年10月，侯国本牵头组织16位专家上书时任青岛市委书记俞正声，呼吁保护胶州湾，维护胶州湾港口的整体性、系统性、稳定性，建议要先立法、再规划、后开发，重大项目要由人大代表表决；坚决反对在最窄的湾口修建大桥，建议修隧道或改在湾底部建大桥。

俞正声书记认真阅读了侯国本等人的书信之后，批示组织专家论证。

这次会议是在燕儿岛路一家宾馆的会议室召开的。青岛市委、市政府、市人大、市政协都派人参加。主张建桥一方请上海交大一位桥梁专家（院士）莅临会场，而侯先生则邀请了在青藏高原专挖山洞的铁道部的一位高级工程师与会坐镇。华东师范大学著名沉积动力学教授陈吉余先生也派代表参加。此外还有气象局、交通局、老教授协会等数十人参会，可谓济济一堂。

会议开始，先由侍茂崇介绍了胶州湾水文和气象特征，承担地质调查工作的代表介绍了地质勘探成果，青岛市政规划设计研究院介绍桥隧方案初步设想和预算。随后，一场空前的辩论会开始了。

侯先生是隧道一方主角，他陈述了建设隧道的优点：

1. 不受气候和海潮的影响，能做到"全天候"通车，相对安全。

2. 在港口城市，轮船频繁进出港湾，在水底岩层开挖隧道，跨越总长度较大桥短，造价相对低。

3. 不妨碍航道净空，从而保证了航运安全（特别是对航道和锚地起保护作用）。

4. 在现代战争中，桥梁暴露，极易遭破坏；而海底隧道深埋于海湾底部岩层中，有一定防护能力，不易遭破坏，对保证交通畅通有重要意义。

最后他说："根据胶州湾的气象资料统计结果，不仅风多，而且风力大，历年平均风速为5.3米/秒。如果建桥梁，大风对桥面上车辆行驶极为不利；如修隧道，车辆不受风的影响。其次，青岛一年平均有56天大雾天气，而根据桥梁安全规定，在能见度小于200米时，大桥是要封闭的。试问诸公，当你兴致勃勃开着车准备从桥上前往黄岛，可是在大桥入口处，大桥管理人员告知'今日此桥不通'，你会做何感想？同样在黄岛上班的同志，如果每年有56次被阻于桥下，不得不绕道而行，又会有何感受？即使路过的过客，也会担心突然而至的海雾而无端改变自己过桥行程。海雾是一种精灵，何时出现，或浓或淡，或消或散，都是变幻莫测的。即使早晨胶州湾海雾预报大桥可以通行，可是来到桥前，突然大雾弥漫，几十米之外不可辨物，虽然义愤填膺，也只能徒呼奈何！雾是一种灾害，暂时尚无法抗拒，一个建筑不能有效防止灾害，建筑的使用率就要受到质疑。明知不可为而为之，是聪明还是愚蠢？"

主张建大桥一方在底下早已急不可耐，多次举手，被会议主持人制止。待到侯国本话音一落，迅速站起来发言：

"建立大桥有三个好处：一是重要景观。美国旧金山大桥每日瞻观者不计其数，推动旅游业发展。二是危险系数小，一切都在可视、可控范围。而隧道处于水下数十米深，至少7条断层位于其上。断层是什么？就是两块岩石由原来水平状态，因地壳变动变成直立。海水会从两块岩石之间缝隙向下渗透，隐藏着巨大危险。三是从薛家岛登陆，到黄岛还有一段距离。薛家岛是海拔100多米的高山，隧道登陆之后，还要穿山越脊，难度不小。如果说海雾是一种灾害，那么断层灾害更加隐蔽，可以说防不胜防。孰轻孰重，孰优孰劣，诸公自有公论。"

听到这里，北京铁道部工程兵隧道某专家站起来说：

"我在青藏高原工作几十年，雀儿山隧道就是我亲自督导施工完成的。打一个隧道不是7条断层，而是几十甚至几百条断层，我们都一一解决了。中国工程兵在解决断层渗水方面技术处于世界前列，诸位不必担忧。"

这时旁边一位女士插话："高山没有水哪来渗漏？"

这位工程专家微笑着回答："隔行如隔山，高山也有湖泊，甚至有巨大雪堆。如果不加处理，也是大水如注。"

上海交通大学那位工程院院士，在青岛市几位领导邀请他发言之后，他也缓缓道来：

"我是搞桥梁设计的，自然我倾向胶州湾大桥。中国对桥梁设计的经验，可以说举世无双。河北省的赵州桥，它是隋朝的石匠李春设计和参加建造的，到现在已经有1400多年了。桥长50多米，有9米多宽，至今仍可通行。钱塘江大桥，由桥梁专家茅以升主持设计的，是我国自行设计、建造的第一座双层铁路、公路两用桥。1937年建成，至今50多年，仍然安好如初。当时设计寿命就是50年。正如前面几位所说，桥梁在明处，事故容易处理，隧道在暗处，在几十米深水下，它的潜在危险不得而知。一旦出现危险，就是灾难性的。况且，用于交通的海底隧道需设置通风、排水设备及人工照明设施，在海底岩层中修建隧道难度较大，具有一定风险性。"

会场气氛顿时陷入胶着状态。主持会议的人，请青岛市领导发言。他们对这次会议所表现的民主作风、科学态度大加赞扬，但是方案选取尚需进一步斟酌。论证最终并没有达成一个明确的结果。此时，俞正声书记的谨慎和远见清晰地体现了出来，他决定先放下此议案，等日后再做讨论。他说："我们这一代人弄不清的问题，交给下一代人决定。"

二、接连上书，力促"北桥方案" 🐾

想保护胶州湾，保住沧口水道，侯国本为此付出了巨大的心血，简直到了奋不顾身的地步。

"桥隧之争"前后长达20余年，历经五届市长，侯国本始终坚守保住沧口水道优良港址不被破坏这一底线据理力争。他十几次上书中央、省、市领导，力陈桥隧利弊，呼吁保护沧口水道。国家发改委充分考虑了侯老的意见，三次变更批复最终方案。

在20多年的论证过程中，侯老一直致力于对胶州湾的综合性调查研究。

为了论证建海底隧道的可行性，他组织了国内外著名隧道和其他方面专家对胶州湾的风、浪、涌、地质、地震、气象、水文、海动力、经济等问题进行了长期的调研，并在海洋大学的海洋动力实验室进行模拟试验，为隧道建设提供了基础性的研究资料。

为了获得隧道建设的先进经验和一手资料，侯国本特意到日本考察了青函海底隧道、新关门隧道等，并通过在日本的朋友取得隧道施工全过程录像带，拿到后亲自交给了俞正声书记。

他还研究了世界上几个著名隧道的建设情况，进行了分析、总结、概括，向青岛市领导作了书面汇报：

英吉利海峡海底隧道。英、法两国委员会对建桥还是修隧道问题提出了论证报告，其要点是：（1）隧道和桥梁都能建成；（2）桥梁方案对海峡的航运关系重要，必须征得国际同意；（3）隧道和桥梁在战时都有危险，而桥梁更为不利，一旦破坏，航道将被堵塞；（4）桥梁方案造价比隧道高一倍；（5）全部投资和50年运营费的综合，隧道方案比桥梁或现行轮渡方式都便宜，三者比例是3∶6∶4。

日本关门海底隧道。原来两岛间交通主要靠轮渡，运输经常受阻，严重影响经济发展。为改善这一局面，20世纪30年代日本对跨越海峡是建桥还是修隧道进行了反复论证。最终由于军方提出桥梁容易遭破坏且破坏后阻塞航道，建桥方案被否决，遂采用在海底岩层中开挖隧道的方案。

连接西班牙与摩洛哥的直布罗陀海峡海底隧道方案具有如下优点：不干扰外界环境；既不影响航运，也不改变生态环境；不受海洋大气条件的影响。

根据国内外跨海峡、海湾、江河的交通设施情况及青岛地理位置、环境、气象等因素，横跨胶州湾、连接青岛市区与黄岛开发区最好采用海底隧道。其理由如下：

1. 修海底隧道工程费用低，据初步预算，横跨胶州湾修桥需4亿美元，而建隧道费用不到修桥的1/4。

2. 胶州湾底为花岗岩，地质条件较好，对修建海底隧道较为有利。

3. 近20年来，我国修建隧道技术水平有了很大提高，国外也有许多成功案例。我国也已积累了修建长大隧道和水下隧道（如大瑶山隧道全长14.295千米、军都山隧道全长8.46千米）等的经验。尤其是在20世纪70年代初，我国建成了第一条穿越江河水下岩石的公路隧道，为在水下岩层中修建隧道奠定了基础。

鉴于上述情况，修建穿越胶州湾的海底公路隧道虽有难度，但技术上有把握安全建成。同时建隧道不影响胶州湾的生态、环境保护，不至于影响胶州湾的可持续发展。

虽然侯国本先生为隧道建设做了大量的工作，但当时建桥的主张实质上占了主导地位，政府已开始建桥立项报批程序。各方面专家提出了4套方案解决海上通道，其中南、中、北3个大桥方案，1个隧道方案。由于胶州湾湾口窄（仅4千米），湾底宽（30千米），因此在最短距离的湾口建桥（南桥方案）成为主流观点。该方认为，该桥一方面可以解决青黄相接的交通问题，更主要的是该桥可以成为景观桥，进而成为青岛城市的标志，成为青岛市的形象工程。

侯老听到南桥方案已获国家计委批复立项，非常着急，立即联系我国著名隧道专家崔久江（时任北京地铁总工，青岛人），联名向国家发改委、建设部、交通部、国土资源部、国家环保总局、国家海洋局、山东省政府等部门写信，反对以大桥为名搞形象工程，重申胶州湾保护重于开发，建议放弃在湾口修桥，用隧道取代。以侯老为代表的隧道派专家认为，世界上的海湾城市，当海轮频繁进出港湾时，必须考虑航道安全等问题。胶州湾可航行30万吨巨轮，可建10亿吨级大港，这一优势绝不可丢失。

这件事一直反映到中央。迫于压力，规划部门只得放弃湾口大桥方案，改为中桥方案。桥头向后移5千米移至胶州湾中部，即由瑞昌路海泊河口到黄岛大石头村一侧，桥全长18.5千米，投资37亿元。

山东交通规划研究院于1999年8月完成了海湾大桥预可行性报告，项目建议书于1999年10月上报国家发改委。国家发改委以计字〔1999〕2283号文上报国务院，国务院1999年第56次总理办公会研究原则通过，国家发改委批复同意变更方案立项。2000年4月，由国有独资青岛国信实业公司为项目法人，委托铁道部大桥工程局勘测设计院，开展青岛海湾大桥工程可行性研究工作，并于2000年12月完成可行性报告审查稿。

这期间的几次论证都没有邀请侯老参加，侯老心里明白，这是怕他提反对意见。但是涉及海洋的大事，总要有全国唯一的海洋大学的教授参加吧。参加会议的教授多是侯老的学生，因此侯老总能在第一时间得到会议的消息，因而他还是知道了中桥方案。

那时他已是84岁高龄，但他不顾年老体弱亲自到交通部反映意见，力图制止在胶州湾中部修桥。交通部办公厅在给侯老的回信中，首先感谢他对我国港口交通事业的关心，但在最后写道：很遗憾，侯教授，专家们没能采纳您的建议，希望您继续关心我国的交通建设。

中桥方案虽然避开了湾口航道，但仍对沧口水道的利用有限制，对港口泊位的开发和锚地的使用有负面影响。胶州湾沧口水道是黄金水道，要为子孙后代着想。侯老又联合侍茂崇、丁东等向党和国家领导人上书，坚持以保护胶州湾环境和港口功能为由，阻止修建中桥方案。侯先生的付出再次得到了回报，方案再次作出让步修正，后退20千米采用北桥方案。

2003年6月，由青岛市人民政府授权，青岛市交通公路开发有限公司为项目法人，委托中国交通公路规划设计院在前期研究成果的基础上，结合两岸港口规划、公路交通、地质、水文、气象、通航等条件，参考侯国本教授等专家的意见，对海湾大桥的桥位再一次修改，后移至李村河为北桥头，经红岛到黄岛红石崖北侧桥位。总投资99.38亿元，全长35千米，其中海上26千米，主线设计车速为80千米/小时，双向6车道，工程使用年限为100年，投资回收期为21年。

2004年8月，专家通过了中国交通公路规划设计院提交的《青岛海湾大桥（北桥位）可行性研究报告》。

2005年3月7日，经国务院总理办公会批准，国家发改委以发改投资〔2005〕390号文正式核准批复建设，在北桥位建设跨海大桥，避免了对胶州湾沧口水道的影响，也符合胶州湾整体功能区划的指导思想。

侯国本先生看到国家发改委三次变更批复最终定位北桥位方案，避开了沧口水道，给港口开发留有余地，拍手称好。他说："这是科学的胜利，也体现了政府民主决策的威力，对子孙后代有了交代。"

三、时间是最好的见证人 🦋

2011年6月30日，全长超过我国杭州湾跨海大桥和美国切萨皮克湾跨海大桥，当今世界上最长的跨海大桥——胶州湾跨海大桥正式通车。

⊙胶州湾跨海大桥

　　跨海大桥不仅把胶州湾东岸的青岛老市区和西岸的黄岛开发区连在了一起，而且还通向了北岸的红岛高新区，一桥连三地，大青岛的架构横空出世，人们无不为之欢呼雀跃。它也成了青岛市新世纪城市建设的一道壮丽的风景线，不管是本地司机，还是外地司机，驾车行驶在大桥上，无不感到心潮澎湃，为青岛、为国家的快速发展赞叹不已。

　　为了从根本上解决青黄交通问题，青岛胶州湾海底隧道工程项目动工前，青岛市政府还特地召开了青岛海底隧道"市民听证会"，以更大范围内征求市民的意见，使重大项目走上了民主决策轨道。按照胶州湾跨海通道"一路、一桥、一隧"的规划，2006年12月青岛市启动了胶州湾海底隧道的建设，并与胶州湾跨海大桥同日开通运营。

　　隧道位于胶州湾湾口，双向6车道，隧道全长7.8千米，其中海底段隧道长约3.95千米，最深处位于海平面以下82.81米。设计时速为80千米，驾车10分钟就可以穿过胶州湾。作为我国建成的第二条大型海底隧道，也是世界第三长的海底隧道，胶州湾隧道受到了世界的瞩目。

　　隧道33亿元的投资没花政府一分钱。开通后，青岛市先后开通了8条隧

⊙胶州湾海底隧道

道公交、一条旅游专线公交、一条快线公交，并且两次下调通行费，过往车辆平稳增加，取得了良好的经济效益和社会效益。

开通后，海底隧道和海湾大桥的运行都很好，无一次险情出现，无一次重大事故发生。两者的分工是明确的，海底隧道负责客流运输，只准通行大中小型客车，禁止货车通行；海湾大桥则主要负责物流运输，可通行大货车。共同串起了山东半岛滨海大道的"黄金链"，贯通了中国高速公路G20、G22、G15等交通大动脉，推动了山东半岛与环渤海、长三角等经济圈的交流融合。

"南隧北桥"的成功再次证明了侯老的坚持是正确的，时间才是最好的评委，是最好的见证人。

胶州湾"隧桥之争"，侯老言辞激烈、意见坦率，令人惊叹。有人说："那么多专家都签字同意了，您还争什么？"

可回头想来，侯老是为了自己吗？当然不是！争来争去，是为了保护胶州湾，是为了子孙后代的利益！说到这点，侯老的长子侯永庭先生曾提起这样一件事：

当时，有个别领导把跨海大桥作为青岛的标志性建筑物，将其列在经营城市形象工程之首，政府先后组织人员考察世界各国大桥，花了2000多万元做前期可行性研究。时侯永庭在市政府任职，时常听到一些声音，说青黄跨海大桥就是因为侯国本反对才推迟20年。有人建议，今后召开有关青黄通道论证会不要邀请侯国本参加，对他要封锁消息。

侯永庭听到这些风言风语，心中不是滋味。一日回到家，午饭过后照例与父亲在书房聊天，他便有意无意地对父亲说："爸，您都退休多年了，市里的事您就别再操心了，不要再坚持了，得罪不少权威、领导，有时间出国去玩玩多好！"侯老闻言，先是一愣，随即火冒三丈，瞪着儿子："你是怕影响你的进步吧！我知道你在政府当官，但是这是胶州湾，是青岛的母亲湾！你们是父母官，不保护胶州湾能对得起子孙后代吗？！"

永庭想不到父亲如此动怒，不敢作声。侯老稍做停顿，又开口道："我不反对建桥，我是反对在湾口建桥，那样，胶州湾的港口布局怎么办？湾口通道可以用隧道解决，桥可以后移，也能解决青黄相接问题。我就不明白政府为什么非要搞形象工程，搞面子工程干什么？！"

侯老长出一口气："什么是好的规划？一百年回头看看，对环境无破坏就是好的规划！"语毕，见儿子似乎不心服口服，侯老从书桌上拿起自己的那本《胶州湾港口功能》递给儿子，语气和缓下来，语重心长地说："回去仔细读读，你在政府当官也得学点科学，学点哲学，站得高一点看问题。"

只是父子之间茶余饭后的谈话，却让旁人听来如此动容。哪个父母不关心儿女的前程，哪个父母不忧虑对子女的影响？只是于侯老看来，对故土胶州湾的热爱，已远胜于小家之发展的关心。在这论争的20多年里，我们从青黄通道方案曲折的变化中，通过侯教授发出的书信里，从那字里行间透出的焦灼心情中，可以感悟到他是怎样的忧国忧民，怎样的坚持学问底线，有着怎样的人格魅力。侯老的爱国爱民之心、保家护湾之情，何其诚也！

侯国本先生一生伴随着争议，正是因为他不随波逐流，有独到见解，敢于质问权威，敢于坚持真理。侯老以"君子学以聚之，问以辩之"的原则说："科学真理是时间的孩子，不是权威的孩子。"他还说："科学真理是一口大钟，你敲打得越厉害，它发出的声音就越大。"科学决策需要建立在民主智囊和尊重不同意见的基础之上。如今，打顺风旗的人是多了而不是少了，侯教授这样的人则是少了而不是多了。如果国家多一些像侯国本先生这样敢于上书执言的人，那么我们的政府决策就会少一些错误，少走些弯路。

许多领导并不一定一开始完全赞同侯国本的意见，但对他出于公心敢于仗义执言的精神佩服有加。青岛市一位已退休的市委书记后来对侯永庭说："侯老是我最尊重的学者，他那个坚持原则的韧劲令人佩服。我现在退休了，回想起当年侯老坚持的意见是对的。在争议包围的环境里侯老仍力排众议，坚持科学态度是难能可贵的。"

下面这些领导人为侯国本的题词，就是褒奖他的精神的证明。

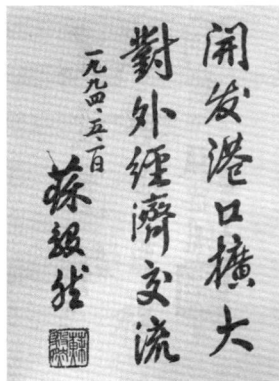

⊙山东省原省长苏毅然题字

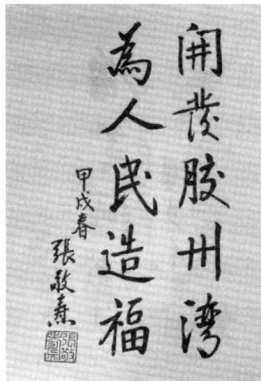

⊙山东省原副省长张敬焘题字

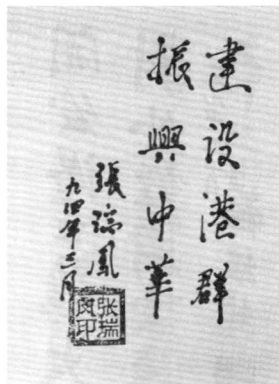

⊙山东省原副省长张瑞凤题字

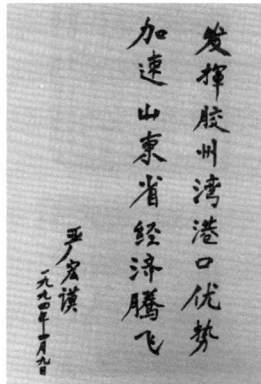

⊙国家海洋局原局长严宏谟题字

第十章

认真履职赤子心

　　侯国本是第七届全国人民代表大会代表。任职期间积极参政议政，他牵头的议案有：要求开发黄河三角洲（1988）；建议加强黄河治理开发的领导工作（1989）；建议清除三门峡水库泥沙（1989）；建议解决南四湖、杨官屯河口建闸问题（1990）；建议改建三门峡水库，解除黄河下游、渭河下游的危难（1990）；建议暂缓建小浪底水库（1990）；建议召开黄河治理战略决策会议（1991）；提出重新论证山东齐河县北展工程（1991）。侯国本还积极参与张承先、赵今声、李殿奎等代表的议案，如建议各级政府切实保证教育经费等问题的议案。人大提案须有30名以上代表联名提交，可想侯先生为此做了多少工作。

一、向胡耀邦总书记建议作潮流发电调研 🐎

    侯国本曾任第六届山东省人大代表、第八届、第九届青岛市人大代表、第七届全国人大代表，作为人大代表，他总是忠实地履行职责，为祖国和人民认真行使职权。

    他一生追求真理，为政府决策提供科学的依据，为人民的利益四处奔波。

    他经常积极参加社会活动，注重科学发展观，注重生态环境的保护。

    在到黄河三角洲地区的东营市、胜利油田参观调研的活动中，他围绕"建设海上山东"及"黄河三角洲的综合开发与保护"等问题，提出多项既严谨科学，又具可操作性的非常有价值的建议，受到当地政府及山东省政府的高度重视，部分建议进入政府决策。

    1999年，在他指导下，青岛盟员专家向民盟中央提供材料和建议"把青岛港建成国际航运中心港"，在全国政协九届二次会议上被列为大会0016号提案。

    提起潮流发电，说来话长，1969年，山东海洋学院部分教师下放在文登县最南端的临海渔村接受再教育，除去劳动之外，还要负责对周边海域进行调查。

    侯国本先生虽也在"牛队"劳动，但是他并没有所谓"罪名"，只是作为一名"旧知识分子"需要"脱骨换胎"的改造而已。侯国本和侍茂崇在劳动中经常相聚，这就难免在休息时聊天。

    侍茂崇当时是海洋系"教育革命领导小组"成员之一，但是怎么"革命"却心中无数。于是就偷偷向侯国本请教：是否可在前岛给群众搞一个"港"？

侍茂崇说："您是我们学校搞海洋工程的学者，您能够给'教育革命'提一些好的建议。"

侯国本说："这里水浅礁石多，建港不太合适。不过这里靠成山头近，流很大，可以搞潮流发电，你看现在这里老百姓还用煤油灯呢。"

听了侯国本先生的话，侍茂崇精神为之一振：如果把这里海水的巨大能量开发出来，不仅造福一方，而且是"革命"的最好实践。

因此，就有了1976年的潮流调查。

1976年冬天，侍茂崇带领100多名学生乘"东方红"号调查船在成山头东面海上调查。研究这里海流的运动，为将来建立潮流发电站作准备。

这里浪大流急，海底为卵石，通常的渔船是抛不住锚的，即使"东方红"这个我国第一艘2500吨级的海洋综合实习调查船锚泊在这里，也剧烈摇晃，得缓慢拖锚，甚至能听见锚在海底与石块之间摩擦的"喀喇喀喇"声。

调查的第七天，突然接到总参命令，要调查船到东经124°处观测温度和盐度，那里是公海，但是外国一直干扰在那里科研活动。所以总参命令导弹驱逐舰停在威海刘公岛码头进行24小时保护。

那一天寒潮大风，阵风达到8级，连侍茂崇这个"老海洋"也晕得七荤八素，躺在实验室长条凳上起不来。全船学生都晕得整天不进一口汤水，只有许建平老师一人像个机器人似的，24小时在值班。每次到站铃声一响，他就将仪器放入水中，侍茂崇则躺在凳子上替他记录。

第二天中午，到达东经124°附近，调查船上突然响起警报声。船员们都面色凝重地注视着海面，原来是一艘外国护卫舰在冲他们喊话，要调查船离开这个水域。弄清情况后，双方都调头而去。

调查船回到威海，已是1976年最后一天，船上举行宴会，青岛栈桥白干酒一桌两瓶：一是辞旧迎新，二是用酒压"惊"。

回到学校，侍茂崇第一时间找到侯国本，向他介绍这次出海情况。

侯国本当时是这样说的："据我所知，成山头是黄海海流最急的地方，过去很多渔船在这里遇险，都是急流所致。你们的调查证明了这个结论，但是，这只是开头，后面还有很多工作要做。例如，一个月中潮流是怎样变化的，要算出平均发电功率；那里地质怎样，这也决定发电机组装形式。还有发电以后，输往哪里？是自用还是并网？都要详细研究。你的心情，我能理解，但是心急吃不了热豆腐！"

"文革"结束之后，科学春天到来了，侯国本没有忘记1976年那次调查和1977年侍茂崇与他的那次长谈。

1988年，侯先生向胡耀邦总书记写信，建议在成山头搞潮流发电的可行性调查。

后来，侍茂崇问过侯先生："您怎么和总书记认识的？一国之'君'，就能听一介书生之言？"

侯国本："这就是我们国家政治制度优越的表现。党和国家领导人能站在人民角度，急人民所急，想人民所想。在北京开人代会期间，我找到胡总书记秘书，要求见一见胡总书记，他就真接见我了。我谈了我们国家电力奇缺，只有解决电力供应，才可能实现四个现代化。我也简要介绍了你们前期的调查，初步表明成山头可以作为开发自然能源的试点。"后来，侯国本当选全国人大代表后，又写了一个提案，转交上去，胡耀邦总书记不久就在该提案上作出了批示。

按胡总书记批示，山东海洋学院曾先后组织人力、物力，多次赴成山头调查，2010年终于拿出来潮流发电的方案，现在成山头潮流发电已得到各方重视，正在积极推进中，可以告慰侯先生在天之灵了。

二、"要对得起那庄严的一票"

1987年，侯国本当选第七届全国人大代表。他暗下决心一定忠实地履行职责，为人民行使职权。他认为只有这样，才无愧于一个人大代表的称谓，才能被人民所认可。

那时候，随着"石臼所大港"的建成投产和日照市的快速发展，侯国本的名声越来越响，成为全国人大代表，参与国家大事的讨论，是水到渠成的事。

1988年3月25日，第七届全国人民代表大会第一次会议在北京召开。青

⊙在人民大会堂前，侯国本（左一）和其他代表合影留念（左三为俞正声）

岛代表团由市委书记俞正声带队，侯国本随团一起赴北京参加会议。

临行前，俞正声对侯国本说："侯老，这次代表团成员中，您是大专家，山东、青岛很多事情要您这样的专家来出谋划策。黄河是全国的大事情，胶州湾则事关青岛人的福祉，请您多提建设性意见。"

侯国本有感于党和国家对他们这一代老知识分子的信任与重视，一直关注黄河的事，八十高龄时还长途奔波考察黄河，黄河中下游留下了他深深的足迹，从黄河口的东营，向西而上，踏遍山东省黄河两岸，又过河南省郑州、洛阳等，一直到陕西省的宝鸡和渭河口。所到之处，观察现场，了解民众生活，所有这些都为他的研究和向有关部门反映问题提供了丰富的第一手资料。所有问题及其解决方案，均成为他日后向有关会议提交的议案，以充分维护人民的利益。

青岛市"胶州湾桥隧"之争的20多年里，侯国本不畏权贵，大会上力争，上书中央疾呼，从那言谈举止、字里行间透出的焦灼心情中，可以感受到他是怎样地忧国忧民，其爱国爱民之心、保家护湾之情，何其诚也。用侯老自己的话来说，只有"鞠躬尽瘁、死而后已"，才能不辜负人民的期望和重托。

在这次全国人民代表大会上，侯国本确实表现出一个老知识分子的责任心。在讨论会中多次阐释和呼吁黄河治理、黄河三角洲开发和海洋新能源利用等问题。

在讨论黄河三角洲开发会议上，钱伟长专门与会，并作了长篇发言。他认为："我们

⊙侯国本的全国人民代表大会代表证

⊙在人民大会堂讨论黄河三角洲开发问题

都是炎黄子孙，黄河不仅仅是一条大河，而且与黄土地、黄帝、黄皮肤以及传说中的'几'字形中国龙构成了中华民族形象的象征。治理黄河，变害为益，是我们和后人义不容辞的责任。"侯国本听后深受鼓舞，在会上谈了自己关于治黄和开发黄河三角洲的意见和建议。

侍茂崇曾经陪同侯国本先生见过钱老两次，一次是在北京京西宾馆，参加黄河三角洲建港讨论会时遇见的。在这次讨论会中，侍茂崇记得钱老的发言大意是，支持山东建设黄河大港，有条件支持东风港建设，但是对黄骅港开建还有一定保留意见，主要是泥沙来源和可能淤积问题没有搞清楚。还有一次是侯国本先生陪钱老考察黄河，侍茂崇与钱老只是匆匆一见，并未全程参加时间较长的黄河沿路调研。但两次相见，钱老和侯老倾情黄河治理的拳拳之心，都给侍茂崇留下了很深的印象。

年届70岁时，侯国本仍然孜孜不倦地致力于国家大港建设，与会很多领导有感于他的不服老精神，在会下接见了他并同他进行了交谈。国务院副总理钱其琛就特意接见过侯国本先生，并向他表达了敬意。

⊙钱其琛副总理与侯国本先生在人代会上合影

侯国本回到青岛之后，侍茂崇与他相遇时，曾告知他一些"小道消息"，如第一次酝酿代表的名单中并没有他，是后来山东省领导坚持要有他的；会议期间有人写人民来信反对其代表资格，无端指责他在石臼所与连云港港址之争中的一些言论。

侯先生听后，当场表示："人活着就要讲话，讲话就有讲错可能。过去的讲话在过去的时间、地点是对的，但是，时过境迁，现在再来看，就不一定对了。只要我问心无愧，也就心安理得了。我当这届人大代表自觉资格不够，但是今后我会继续努力的，对得起庄严时刻的庄严一票。"一颗赤子之心，溢于言表。

长子侯永庭曾说："父亲头衔很多，有许多彩色光环。我认为最有价值的是全国人民代表大会代表这一称呼！父亲是一个捍卫海洋环境的坚强战士，他时常把胶州湾比作青岛的母亲湾，因有胶州湾才有青岛港，有港才有市。如有建设项目会破坏胶州湾的自然环境，他会心急火燎。他自知个人的力量单薄，便利用全国人大代表的身份，向更高层次领导反映，自上而下、自下而上呼吁保护海洋自然环境。为了子孙后代，人类要善待海洋。他通过一些破坏环境给人类造成灾难的案例，建议政府部门要改变开发建设的增长方式，改变产业结构布局，改变依赖生态的消费方式，树立节约资源、保护环境、建设生态文明社会的意识。"

⊙1988年，在全国第七届人代会上投票

第十一章

那些远去的岁月

　　岁月流逝，时光不再。不变的是那份爱，对家人的爱，对学生的爱，对事业的爱，还有那份坚守真理的情怀和品格。

一、和美家庭

侯国本先生有一个和美之家，俗话说"家和万事兴"。侯先生五个子女，受父母言传身教，个个大学毕业，事业有成，在邻里传为佳话，也令侯先生夫妻二人感到欣慰。

长子侯永庭曾任青岛市经济体制改革委员会副主任，次子侯永海是大学教授，三子侯永健是工程师，长女侯剑秋为高级经济师，次女侯剑玉当过厂长。在这个大家庭里，非常有趣的是，侯先生、长子侯永庭和孙女侯芸、侯雪都是从青岛九中（青岛礼贤中学）毕业的，三代人是九中校友，侯先生是九中校友会名誉会长，长子侯永庭是九中校友会副秘书长，孙女侯芸曾任九中副校长，现任该校党委副书记。侯先生曾在西安交大任教，长子侯永庭和孙子侯波也都毕业于西安交大，祖孙三代是西安交大校友。次子侯永海和他的女儿侯迎都是中国海洋大学毕业并留校工作，祖孙三代是海大人。

侯国本先生把对子女的关心和爱总是深埋在心里，嘴上从来不说。

女儿侯剑玉每当回忆起那些往事总是情不能自已——

那是1968年，上山下乡的热潮席卷全国，刚上初一的我，作为班长毫不犹豫地报了名。妈妈知道后始终眼含泪水，看见妈妈难过的样子，我的心都碎了。那天中午，爸爸回家吃饭，一直没有言语。拉着我的小手在脸盆里给我洗手，打上肥皂仔细地搓洗，虽然不说一句话，而我分明感到爸爸的手在颤抖，我低着头不敢看爸爸。吃饭时，他把妈妈留给他的仅有的一点肉，全部夹到我碗里。要知道20世纪60年代所有的食品都是凭票供应，那时爸爸还有科研任务，妈妈从来舍得不吃肉，都是单独给爸爸留着。此时我再也控制不住泪水，跑到外面放声大哭。我明白爸爸对我的爱，不用语言，而是行动。在离开家之前，妈妈为我整理行装，爸爸在我的柳条箱里放上了一本《唐诗三百首》和一本小英文词典。在爸爸转身的那一刻，我看见爸爸眼里也含着泪。这本唐诗和词典在我以后的几年农村生涯中，陪伴我度过了艰苦的岁月，成了我的精神食粮。许多年后，提起分别之事，妈妈说，那是她看见爸爸第一次掉泪。

侯剑玉还记得：

许多知青都受不了苦，没多久跑回了青岛。每当这时，父亲来信："人要有骨气，要有志气，既然选择了这条路，就要坚持下去。"父亲的嘱咐时刻激励着我。在下乡的几年中，我从未缺过工，事事走在前面，而且与社员一起建立了科学试验田，研制出优良品种，得到上级领导和贫下中农的一致好评，并且多次参加了县知青表彰大会。

侯先生对待家庭，对待生活，少有要求。但每到关键时刻，他都顾及家庭，担起全家的精神支柱。

长女侯剑秋回忆道：父亲年轻时一直在外面求学，高小、初中、高中、大学都是只身在外。我和大弟都在老家出生长大，母亲含辛茹苦，扶老携

⊙1987年拍摄的全家福

幼，生活重担一人挑。

1948年，父亲回到青岛，将我的祖母、母亲、弟弟和我4人从家乡接出来。父亲从一个单身汉，变成了5口家之主。当时物价飞涨，他的一份工资，根本无法养活全家。所以，父亲就在一个中学兼职，晚上还要给报社誊稿，操劳程度可想而知。那时我刚9岁，还没正式上过学，尽管生活艰难，父亲还是送我和弟弟去上学。这是我们全家第一次大团聚。祖母见到久别多年的儿子，听到一家人的欢笑，满意地笑了；母亲的心情无法表达，激动地哭了；我和弟弟终于见到了自己的爸爸，很快能上学读书了。全家亲情、笑语满堂。第二年我的二弟永海出生，后来妹妹、三弟相继出生。我们姐弟5个中，只有二弟的出生父亲在现场体会到了子女隆生一刻的喜悦。我的三弟、妹妹虽然出生在青岛，但因父亲都是在水利工地上，由我接送妈妈去的医院。60多年来，父亲大概三分之二的时间是在实验室和大海、水库、大河的水利工地上度过，全家聚少离多。

侯永海是子女中接触父亲工作最多的人，他小时候就常去西安交大的水力学实验室，觉得平面水池大厅很大，室外各种水槽很多，知道水利工程要做模型试验，觉得很好奇。当知青时，侯永海每次回青都要到山东海

⊙祖孙三代海大人

⊙其乐融融的一家

洋学院动力实验室去看看，他回忆说："那时父亲好像很忙，经常是去叫他回家吃饭。在动力室父亲要做各种工作，电工、瓦工、木工、模型工。实验室有各种记录仪，平面水池中有堤坝模型和造波机，风浪槽里有堤坝等断面模型，风吹浪起。父亲事必躬亲，每次都看见他和大家一起工作，有时还赤脚站在水里。"

"文革"时，侯永海到益都下乡10年，接受贫下中农再教育，后来就业在益都铁厂当工人。侯先生很多次约他在车站见面，有时是在凌晨。侯先生总是告诫他，劳动要出力，待人要真诚，年轻不要怕吃苦，并说自己年轻时就是只身闯天下，练得好身体，不怕没出路。又说学业不可荒废，有空多看看书，总有得益时。侯先生会给他带去中外名著、糖果点心等。侯永海32岁结婚时，侯先生约法三章：不许用学校的车做婚车；不许请客大吃大喝；不许在院子里贴喜字、放鞭炮。

侯先生一直不让子女掺和他的工作，直到快80岁了才让侯永海陪他出差。侯永海还记得：曾陪父亲考察过黄河中下游，从山陕交界的禹门开始，过陕西、河南、山东直到黄河口。路上凡是侯老知道的险要多灾地段必须下车观望，当地水利部门劝阻也没用。

⊙四世同堂

　　侯先生和夫人相濡以沫、相敬如宾一辈子。他的夫人宋淑英即墨丰城人，豁达明理、勤劳坚忍、友善大爱、随性好学，是一般人所不及的。用侯先生的话说：她是家庭的核心，是家庭的支柱。晚年时侯先生一再告诫子女：你们妈妈比我强，没有她就没有咱们家。

　　侯永海还清楚地记得：父亲经常出差，母亲总是仔细打点，换洗衣物、日常用品用包袱包好，父亲也不过问装进提包就走，几十年如此。家里饭点准时，母亲掐算时间，父亲进门即可用餐，绝不耽误时间。父亲一日三餐有一菜一汤专享，小孩不可先吃。母亲特制的点心，是专供父亲夜宵用的，是鸡蛋、牛奶、猪油、白糖调面烤制而成，过年时是油炸而成，绝不是市场采买可比的。

　　在老伴病重的一年多时间里，侯先生放下手头工作，谢绝了一切外出活动，守在她的身边。打吊瓶时，在一旁陪聊；该吃药了，端水送药；行动时也会搀扶跟随。侯先生还亲自去买水果，老伴满口假牙，他会把水果打碎或冲水喂食。那一年，太平洋海洋科技学会年会在北京召开，大会为侯国本颁发了"海洋服务奖"，侯老没有去北京领奖，铜质奖状由青岛海洋大学施正铿校长代领。

　　侯永海记得：当时家中五个子女天各一方，又值工作、子女教育压力盛期，平时聚少离多，连春节也很难汇齐。母亲病重后，孩子们争相尽孝，尽力赶回家陪伴，陪护就医，或请医生来家中诊视、抽血化验。哪怕是千里之外，故住一两夜也难平心中的不安。那时照相之风尚未盛行，家中有个"傻瓜"相机，匆匆记下一些念想，但还是留下许多遗憾。

　　1993年，老伴去世时，侯老老泪纵横。这一年他一直没有出门，常常一人默默地坐在书桌前。全家人都轻轻地走，细声地说，不敢搞出动静。

　　侯老晚年，特别是患脑栓后，常与家人谈及他的人生经历。他的右侧肢体功能受限，用左手写了"我有三个家"：一是哀哀父母，生我劬劳，不可不孝；二是贤妻良母相敬如宾，子女绕膝不可不教；三是人以家为本，家依国而存，国破家何在，为国操劳，鞠躬尽瘁，有职有责。

二、用爱书写的教师情怀 🐌

教诲如春风，师恩似海深。

侯国本从1948年进入山东大学任教，就再也没有离开过教育岗位。半个多世纪，他既严谨治学，又教书育人，用一生书写了大爱的教师情怀。

1964年，他来到山东海洋学院，就开始讲授"流体力学""水力学""工程水文学""河流动力学""海岸动力学""海岸工程学"等课程。

在讲授中，他会引举国内外工程事例和重大海事、灾害案例，生动形象地把知识传授给学生，特别是他会结合自己丰富的实践经验，讲授知

⊙侯国本教授给研究生上课

识，让学生开阔眼界，学以致用，树立为国家经济建设服务的意识。

他为人师表，以身作则。他每天工作十五六个小时，星期天和节假日也很少休息，一心扑在教学和科研工作上。有一年夏天，他冒着高温在实验室里指导学生做实验，由于一连几天没休息好，他突然晕倒在实验槽内，学生们都吓呆了。稍事休息后，他接着给学生上课。他做事认真，一丝不苟。在实地考察、科研试验中，尊重客观事实，对数据务求真实、准确。他是这样做的，也默默地影响了他的学生。

他不畏风浪，经常和青年教师一同下海、下河，受到青年教师和学生的敬佩。他淡泊名利，善待青年教师，提供机会，助其进步；他衣食简朴，却能慷慨解囊，助人为乐，特别是资助生活困难的学生完成学业。

凡与他共事过的人，无论教师还是工友，无论是本校还是校外的，无论是在工作还是生活上的，他都尽力给予帮助。

侯教授平易近人，对待学生就像对待子女一样亲切。他总是和蔼地回答大家提出的问题，师生交流时的气氛就像与家人谈心那样愉快，时常可以听到侯先生爽朗的笑声。

侯先生知识渊博，学问扎实，特别善于思考，常常在谈话中使大家获得受益一生的宝贵启迪。

他经常教育学生，要抓紧日常的零碎时间，多看些材料，碰到问题时总会有用的。

"文革"结束，百废待兴，教育科研事业也处于大发展阶段。侯教授家中经常聚集着岛城海洋领域的青年科技工作者，大家高谈阔论，热情高涨。

在外地工作的青年科技工作者也登门求教，希望能与侯老合作。侯教授

荣誉证书

侯国本 教授从事高校科技工作四十年，成绩显著。特颁此证，予以表彰。

国家人民共和国国家教育委员会

一九九〇年十二月

⊙从事高校科技工作四十年荣誉证书

总是热情接待，还常招待他们吃饭。有时他们自带食品要师母帮忙料理，大家像一家人一样聚在一起，温馨热闹。

中国海洋大学70周年校庆时，侯国本教授被邀请作了题为《黄河三角洲的过去、现在和未来》的报告。侯教授着中山装，声音洪亮，报告采用挂图、文字等形式，并引用大量的数据进行分析，深入浅出。会场上，师生们神情认真、专注。

侯教授教育学生又是严格的。在带领学生参加水利工程建设指导实习中，他总是提出严格的要求，要学生养成严谨的科学态度，对待工程设计和数据分析绝对马虎不得，要分毫不差、准确无误。

黄海研究所的研究员张义正是侯国本教授的学生，他回忆说，当时同班一名同学在设计计算一项工程的土石方量时，因图纸画的一条施工开挖线倾角偏差0.2°，使土石方量大大增加，受到了侯教授的严厉批评，以致那位同学当场哭了起来。

侯教授说："老师批评你，是叫你一辈子记住，作为一个工程设计人员，图纸上画错一条线，就意味着工人们多付出若干血汗。"

⊙侯国本教授在讲课

　　这件事对学生们的震撼非常大，从那以后，每个学生在学习或实习时都谨记老师的教诲，不敢有一丝一毫的疏忽。

　　半个多世纪里，侯国本先生一直耕耘在教书育人的百花园里，洒下汗水，结出果实，培育了一批又一批国家建设的栋梁之材，桃李满天下。

　　自然资源部青岛海洋地质研究所研究员丁东在怀念老师的文章中写道——

　　侯国本教授已经离我们而去，一年来老师的音容笑貌时刻浮现在眼前，仿佛又听到老师谆谆的教导，好像又看到老师慈祥温和的目光；总是要想起，考察黄河时老师和我们在一起时谈笑风生的往事……

　　好的老师不但为我们开启一扇智慧之门，还为我们指明一条人生之路，并引领我们前行，我有幸能在成长过程中遇到这样的恩师。先生酷爱科学，他将自己的一生毫无保留地献给了海洋科学与教育事业，无论在顺境还是逆境中都满怀希望，奋斗不息。

　　他时常说，要抓紧日常的零碎时间，多看些材料，碰到问题时就会有用，才能解决问题，先生的身教使我永生难忘。

　　先生在科学上举世瞩目的重大贡献尤其是港口建设的功绩众所周知，但他很少谈及自己过去的成就。先生平易近人，对待学生就像慈父对待子女一样亲切。在一起讨论问题时，我们都可以畅所欲言、无拘无束。先生总是和蔼地回答大家提出的问题，信心百倍地讲述将要做的工作，气氛就像在家庭中那样愉快，时常可以听到先生爽朗的笑声。先生知识渊博，专业知识面广而扎实，特别善于思考，常常在平时的谈话中使大家获得很多知识和受益一生的宝贵启迪。

　　先生豁达开朗，心胸坦荡，从不计较个人得失，对人总是那样宽厚。在"文革"期间他曾受到不公正待遇，但先生十分坦然。先生在南方某一所大学食堂就餐，有些学生得知他就是力主在日照建深水大港的教授时，竟然向地上吐口水以泄愤，先生一笑了之。以理服人、以德报怨的高尚情操，能放下一切恩恩怨怨，全身心地投入到教学科研中去的精神，正是先生事业上成功的重要原因。

侯国本先生不仅对待学生充满师之情父之爱，他还把这份真挚的教育情怀洒向了更多的人。

侯先生去世后，家人在整理他的遗物时发现，他的全部积蓄只剩下1.2万元。原来退休后，十几年来他除了一直在资助几个贫困学生读书外，家里的小保姆也成了他重点助学的对象。

他经常对子女说："你们像小保姆这样年纪时都在读书，受到了良好的教育，她们为什么不能得到起码的教育呢？农村为什么穷，根子还在教育呀！你们兄弟姐妹都有体面的工作，收入也不错，也应当帮帮她们。"

在他的影响下，子女也加入了助学的行列。家里先后有四位小保姆在侯老的帮助下上了技校，并且先后都参加了工作，有的还在青岛落了户，成了城市的一员。子女还先后为省内的临邑、济宁和云南等地希望小学捐款。

微山湖一个受助学生毕业后在一所希望小学任小学教师，有一年过年来看望侯先生，侯老高兴地拉着她的手说："你当老师了，而且是在希望小学当老师，还有意义。"

在侯老离世之前，他交代要把他书房的所有书籍、资料等全部捐献给学校图书馆，用于教学和科研。可以说，他的一生不仅为国家港口建设和教育事业立下丰功伟绩，也给子女留下丰厚的精神遗产——如何做一个对人民有用的人。

三、心底无私天地宽

1984年春节刚过，侯国本在威海参加研究港口建设问题的会议。那天是正月初八，正是吃晚饭的时候，他突然接到了胜利油田的电话，叫他连夜赶到东营——胡耀邦总书记要找他谈话。

当晚，威海市政府派专车连夜送侯国本到了胜利油田。一路上，侯国本心情激动，想着要与胡耀邦总书记讲什么、怎么讲。

到了之后，侯国本从油田领导那里得知：今天专谈港口。他努力平复心情，推开了接待室的门。总书记一见侯国本便亲切地握住他的手，连连称赞他为日照港的建设所作的贡献。胡耀邦总书记稍有寒暄便切入正题："怎么开发黄河三角洲，有海无港怎么办？"望着总书记渴望得到答案的表情，心潮澎湃的侯国本稍做镇定回答道："这里有一个无潮区，可成为世界名港的港址，可建国际大港……"

事后，胡耀邦委托国务委员康世恩与侯国本研究筹备港址勘探与论证事宜。1984年8月，论证会顺利通过了建港计划。现在的黄河海港（东营港），是胜利油田海上采油的主要交通基地，也是东营市的对外海上交通通道，已被国家列为一级口岸。

有一年春节的一天，侯老一家正在书房里聊天，听得户外敲门声，原以为是大院里互相串门拜年的同事，不料想开门看见的竟是青岛市委书记俞正声！俞书记笑呵呵地拱起手："侯老！给您拜年啊！"

据侯老的长子侯永庭先生回忆说，记得那天特别冷，户外飞着雪花，气温在零下5℃左右，侯老的书房里架了一个小煤球炉子，大家围坐在一起取暖聊天。俞书记见状忙问陪同来访的海洋大学领导，当得知这个院子里住的10户人家都是海大的教授、院士并且都没有安装暖气时，说："侯老他们都是国家的财富，要想办法装暖气。"

俞书记在家中待了10分钟，起身告辞，俞书记出门时，并不急着上车，而是在门口路边不断观察，目测暖气管道的走向和路径。俞书记上车前对侯永庭说："侯老有什么困难，你可以直接跟我说。"

大家谁也没想到会那么快，就在春节过后的第一个工作日，家门口山坡上就有工人开始挖沟，工人师傅还到家里来测定暖气片的位置，没出正月十五，侯老和几位教授家里就通上暖气了。

后来了解到，这是俞书记特批，由市财政拨款专为这10户教授加装的暖气。党和政府对知识分子的重视和关爱令整个大院里的教授心里暖融融的。

侯国本从内心深处感受到党的伟大，他一直对党充满了感情。大女儿侯剑秋要求入党，他回信一封，写了满满8页信纸，另加一份简历，近4000字。内容涉及对女儿要求进步的肯定；自己对党的政策的认识；历次政治运动中他都如实汇报的家庭情况；组织上对他的信任，让他大胆工作，勇挑科研重担的情况。信中说："你要求进步，全家都感到高兴，这是党教育知识青年的胜利。""一个人的家庭出身是不能选择的，但是走什么路是可以自己选择的，要相信党的政策是重在表现。"

在他最后的日子里，侯老总是对来看望他的学生说："一个知识分子，能得到党和政府的信任，是一生之幸。"

随着日照港和东营港的建成与使用，侯老的海洋工程事业达到巅峰。在全国科学大会和全国人民代表大会上，他有幸受到邓小平同志的接见，全国人大常委会副委员长费孝通、钱伟长（民盟主委）也一直关注、支持他的事业。中科院院士任美锷曾感慨地说，一个人一生能参与建设一个港口就已经很是了不得了，像侯先生这样参与建设两个大港口的专家，是很少有的。

有一位记者，以《三吼天下第一声》为题，在报纸上发表关于侯老不唯上、不唯书，追求科学真理的长篇报告文学，在全国引起广泛关注。这

⊙1989年，钱伟长先生和侯国本先生合影

篇文章后来被评为全国好新闻一等奖。

　　"第一吼声"指的是他（1978年）在第一届全国科学大会上提议在一个百户人家的小渔村石臼所建10亿吨级的深水大港。费孝通副委员长对他讲："侯先生，你了不起，在地图上把日照一个小点变成一个圈。"时任国务院副总理李鹏题词"日照东岸巨港出"。

　　"第二吼声"指的是治理黄河要改变2000多年来"高筑坝、宽修堤"的传统思路。侯老提出"治河要疏，大河之治，始于河口，挖沙降河，根据追溯反冲原理，利用洪峰水造平原大水库，确保胜利油田稳产，稳定黄河流路100年"这一创新思路。胡耀邦总书记在东营亲自听取他的汇报，并挥笔题词"地下油洲、地上绿洲"。

　　"第三吼声"指的是在东营海岸的无潮区建设黄河海港。时任山东省副省长、胜利油田总指挥李晔回信："侯教授你这篇豪情满怀、富有战略创见的精彩论文，我读后深受鼓舞，人间最难能可贵的是吼出天下第一声，将来一旦实现这一宏愿，那我们也无愧于华夏后代、炎黄子孙了！"

这三项工程在推进过程中，引起不少专家学者、政府官员的争议，也惊动了总书记和总理。侯老在反对声不绝于耳的环境中，更加扎实地深入调研，坚持科学试验，组织更多的学者一起参与论证。苦尽甘来，最终为国家为人民作出重大贡献。

其实，侯老的人生之路一直就是伴随着艰辛和争议的，充满了传奇色彩。抗日战争时期侯老为求学救国步行到陕西就读西北联大，1957年右倾帽子拿在手上委曲求全，"文化大革命"顶着"反动学术权威"的帽子下放到山东临沂劳动改造。没想到因祸得福，在石臼所他发现了一个10亿吨级的优良港址。为治水建港先后受到三任总理接见，两任国家主席作出了批示。

1990年，一位作家以侯教授为原型写了5集电视连续剧。剧本很有创意，却因故没能播出。有人为此感到惋惜，侯老对此看得风轻云淡，他说："我的工作还需要再深入、再坚持、再努力，这是我今后工作的动力。"

这正是：如烟往事俱忘却，心底无私天地宽。

⊙侯国本先生

第十二章

化作基石成永恒

　　著名诗人臧克家说过："有的人活着，他已经死了；有的人死了，他还活着。"侯老已经离开十多年了，但他依然被人们怀念着，他充满传奇色彩的"敢吼天下第一声"还在被人们久久地议论着，他坚持真理的精神品格成为留给后人的一笔丰厚的财富。

一、"我还有好多事情要做"

　　晚年的侯先生儿孙满堂，生活简朴恬淡，享受着天伦之乐。然而，忙碌惯了的他肯定是不愿闲下来的，依然时时关注着、关心着他曾经倾注过大量心血的那些事。

　　1999年11月，凝聚了侯老大半生心血的论文集《黄河的治理与开发》即将付梓。他找到"老战友"侍茂崇教授，请他写个序言。侍茂崇推辞道："您老论文集应该由一位大家来写序，可以找一位院士或者校长来写。"侯先生说："你最了解我，就由你来写。"编辑部主任也找到侍茂崇，对他说："侯老的论文集已经整理完毕，侯先生既然推举你，你就当仁不让吧！"

　　就这样，侍茂崇教授在去美国访问前，匆忙中为侯老论文集写了序：

　　侯国本教授从事海洋近岸工程研究多年，具有丰富的实践经验。山东省的日照大港，就是在他指导下建成的。从此，南自沂蒙、临沂，北至垦利、利津，完成山东省南、北两翼的入海通道，为实现山东的战略计划奠定了重要基础。80年代初以来，他又致力于黄河中下游的治理。如何稳定黄河流路，确保胜利油田的建设、生产的安全，成了他日思夜想的头等大事。他呕心沥血、上下求索，多次沿黄河两岸考察，又两次乘船入海，实地观察黄河口的水文特征。在大量实践基础上，他写出了不少真知灼见的文章，本论文集就是他在会议上的讲演发言，或考察论证报告，或在专门刊物上发表的文章摘撷而成。读者不难从这些长短文章中看到他那颗忧国忧民金子般的心。但是，由于作者讲演或写作的年代较早，而且处于我国改革开放迅猛发展的时代，其中有些数字、计算结果并不一定适合现在，

· 170 ·

⊙于光远先生为侯国本题字"老当益壮"

因此，读者阅读时要注意给予修正。并且由于是在不同场合的发言，因此难免有些重复。这一切请读者给予谅解。侯教授已届八十高龄，仍然奔走在治黄第一线，我们这些学生晚辈为崇敬他孜孜不倦的追求精神，特将他的文章收集出版，并对有关史实做了些增补。这样，既有经验总结和承前启后的作用，又可为未来黄河治理提供启示和思路。侯先生的一些观点只是他从历史、从现况得出的一些个人看法，难免会与一些同志的观点相悖，但这没关系，科学的结论总是愈辩愈明，欢迎大家不吝批评指正。科学的观点和结论，应经得起实践和历史的检验。

2001年1月，春节就要到了。侍茂崇正在家打扫卫生，准备迎接新年。这时，侯先生打来电话："听说你刚从美国回来，辛苦了！今年我要去给你拜年！"

侍茂崇赶忙说："侯先生，您是我的前辈，给您拜年是我们应该做的。

初一上午学校团拜结束后，我就会和黄祖珂、蒋德才两位先生到您那里去，祝您健康长寿。"

侯先生说："几十年来，我们同舟共济，你帮我做了很多事，我要当面向你感谢。"

侍茂崇说："侯先生，您太客气了！我是搞海洋水文的，是您将我领进海洋工程大门的。感谢的应该是我！"

侯国本说："上次住院，你和国家海洋局张海峰主任到医院看望我，我当时告诉你们，十天半月之后，我又可以像以往那样工作。其实远非如此，我自感一日不如一日。血压升高，时有半身麻木感。今年尚可行走，明年又复如何？让我了却一个心愿吧！"

2001年1月24日，农历正月初一，团拜结束之后，侍茂崇教授匆忙从校内赶回家，立于楼下门前，等待侯先生的到来。那时没有手机，无法了解他走到何处，是否路上遇到他人又停下来了。直到11时，才看见他步履维艰地走来，侍茂崇赶忙将他扶上五楼。

甫坐下，侯先生婉拒了侍茂崇给他倒茶。他说"今天我来，是对你多年帮助的感谢。同时还要感谢你对我的一些有益建议。例如，支持我不要申请院士；鲁南大港落成纪念碑上，没有海洋大学半个字。你我的想法都让后人评说吧。你给我的《黄河的治理与开发》写的序，也是非常中肯的。"

侍茂崇说："您老居功至伟，这是海洋界人人皆知的。您所言所行，都是对人民的回报，您视人民为衣食父母，这是我俩惺惺相惜的根本原因。您不像一些旧知识分子那般清高而瞧不起劳动人民，这是我对您格外敬重的一点。"

转眼到了2002年秋，侯国本突然罹患中风，虽经专家抢救，无奈右侧肢体还是留下后遗症。

侍茂崇去看他后，在日记中做了如下记载："侯老大病初愈，半身不遂，右臂尚不能抬于肩齐，但是一听我等前来，立刻从卧榻上挣扎着坐起来，很快把话题引入青岛跨海大桥和东营市的未来规划蓝图之中。隐约之中，尚能看到当年搏杀的雄风。"

山东省原副省长、胜利油田原党委书记、东营原市委书记李晔，在侯老生病后，十几次到家中探望。两人在漫长的岁月里结下了深厚的友谊，很多次请侯老到东营开会，李晔完全可以派司机或秘书到家中接侯老，但他总是亲自赶赴家中，说"在路上可以更多地交流"，谁不知道，这是李晔对侯老的敬重。李晔每次来看望他，侯老还会主动与李晔讨论起黄河三角洲的保护和开发问题，他的心里永远放不下那片奋斗过的土地。

下面是李晔2002年写给侯老的信——

侯教授：

您好！久不见面，十分怀念！

六月一日来信，《治黄河论》《居安思危……确保黄河防洪安全》论文等均收到，深致谢意！

多年来，您为根治黄河，开发黄河水沙资源，变悬河为地下河，著书立说，奔走呼号，屡屡上书直陈所见，披肝沥胆，发出时代最巨人强音，真可谓丹心报中华，浩歌震乾坤，精诚显民魂，不胜敬佩！

《防洪安全》文中提及我，惶恐不安！一九六四年我随领导两次到胜利油田蹲点，一九七五年冬调到胜利油田工作，那时我还不懂治黄河事，不敢冒功。一九八八年春夏挖掘黄河口，让黄河畅流入海，那是在南京大学任美锷教授提示，特别是在您提出的"大河之治必自河口始"这一理论指导下，经各方共同努力，打响了千古治河第一炮，可惜未能持续干下去。

胜利油田在上一个世纪八十年代前期的大发展，是在中央和山东省委的关切支持下，当地党政军民，石油专家和广大石油职工团结一心，艰苦奋斗，辛勤劳动的成果。至于后来的曲折，原因多多，一言难尽。我个人未能完成自己应有的历史作业，时觉愧愧不安。但我有生之年，总会是心如磁石针，直指黄河口！

　　致

　　崇高敬礼

李　晔

2002年6月22日

　　经历3个多月的治疗，侯老的病情稳定下来，但右侧肢体偏瘫的症状没有明显的好转。他对右腿失去控制还不是太在意，但是右胳膊失控直接影响右手的功能，不能握笔写字了，就意味着不能工作了，这让他大为苦恼。

　　春节后，侯先生的情绪稳定了许多，接受了现实。他对小儿子说："永健，我要走路，我要写字，你想办法，我会配合你。"身为子女是很了解父

⊙李晔（右一）看望病中的侯老（中）

亲的脾气的，侯先生脾气倔强，平日很少求人，现在既然开口这样说，子女们就深信他会竭尽全力，达到他的目的。

其实在此之前，子女们已经在寻求适合他的健身器具，但所有的体育锻炼器材，对80多岁的老人都不适用。侯永健与侯永海商量之后，决定自己动手制作器材。不久，几个自制的康复器材完成了：自行车轮制作的太极旋转轮、自行车脚踏部分与椅子合成的原地自行车……

用着儿子亲手制作的各种器材，侯老日复一日地坚持锻炼着。手转太极轮，从开始抓不住把手，需要孩子们帮忙踏住凳子、握住把手、强行旋转，转十几圈就大汗淋漓，到后来可以自己转300圈；脚踏自行车，从开始每踏一圈，腿便掉下来一次，需要孩子们帮忙把腿再抬上去，到后来每天200圈。

侯老风趣地说，"推磨"和"踏自行车"是每天的两门必修课。侯老在锻炼着自己身体的同时，也为子女上了一堂什么是毅力、恒心的公开课。

侯老的小儿子侯永健先生回忆说，在手和脚的锻炼进入正轨之后，侯老又提出练习写字的要求。写字较"推磨"和"踏自行车"而言，对手肘活动的自由度有了更高的要求。侯永健把报纸铺在写字台上，把最粗的记号笔握在侯老手中，还安慰道："爸爸别着急，咱们从1、2、3开始写。"侯老会意地笑笑，有认可的成分，也有"别小看我"的意思。

刚开始的时候，侯老右手根本握不住笔，仅靠拇指和食指夹住笔，但手上使不出一点劲儿，笔一点不听使唤。半天下来，"1"与"一"都写不下来。笔，不知扔了多少次；纸，不知撕了多少张；但脾气发过后，他仍捡起笔，在另一张纸上继续写"1"。笔是侯老一生最心爱的东西之一。当年参加全国科学大会时，给子女的礼物就是印有科学大会字样的纪念钢笔，孙辈考上大学，赠送的礼品都是精美的钢笔。

经过了一段时间写字练习仍是没有任何进展之后，侯老主动提出要学习左手写字。子女们私下试验过，左手根本不听话，写出来的字自己都不敢认。一个健全的人，用左手都尚且如此，何况是一个半身瘫痪的八旬老人呢。但侯老渴望写，这是他一生的乐趣，就理所当然地支持了侯老的决定，但说实话子女们都没有抱多大希望。

可是奇迹竟然出现了，一段时间后，侯老用左手写字竟写得比较顺利了，真是功夫不负有心人呢！在这之后，侯老还开始注重字体的大小和字行间距，开始自拟信件的提纲和关键字，逐渐恢复了自信心。这样他就不再口述着让小儿子帮他写信了，总是自己一笔一笔在那里写，尽管慢，但很认真，一封封谈大桥、谈黄河、谈环保的信，凝聚着他的忧国之心、爱民之情。

儿女们看到这种场景，都深深为之感动，也总是这样教育下一代："做人做事都要像爷爷一样！"

手脚活动都规律化之后，侯永健又在房间的墙上安装上滑轮，穿上钢丝绳，两端再装上拉手，侯老开始力量型锻炼活动：抓住拉手，身体后仰，左、右手往返拉动，做手臂力量锻炼。这需要极大的握力和臂力，同时也锻炼脚底的站立功能和腰部力量。锻炼时，侯老时常满头大汗、喘着粗气、紧闭双眼，那是外人难以想象的坚持。

有一次，正在侯老紧咬牙关苦苦坚持的时刻，久经摩擦的钢丝绳竟突然断了！侯老仰面倒下，险些酿成大祸，那场景令在场的孩子们惊恐不已。即便如此，也没有吓退侯老，只是让孩子换了一条钢丝绳，仍继续每天的锻炼。4年时间里，钢丝绳拉断了3根，可见侯老的锻炼力度之大。

随着时间的推移，家里凡是侯老能接触到的地方，都装上了扶手。走廊的墙上有扶手、卫生间里安装了扶手、床头床尾安装了扶手。侯老坚持每天自己起床、自己走路、自己进卫生间，尽最大可能减少对儿女们的依靠，坚持自己的事情自己做。他有一个痒痒挠，天天都在用，不单是挠痒痒，还用来钩袜子、钩鞋子、钩衣服、钩报纸……钩一切能钩的物品，他说这样可以不麻烦别人。

侯老还给自己制订了严格的健身计划：每天早起"推磨"300圈，踏车200次；拉滑轮上午、下午各20次；上踏步器上午、下午各200次；拉扶手下蹲锻炼10次；每天上午、下午各绕房间3圈；每天下楼1次。侯老以惊人的毅力天天进行身体锻炼，一段时间身体状况趋向好转。他说："我想多活几年，我还有好多事情要做。"

二、夕阳下一道美丽的风景 🐒

　　病中的侯老依然非常乐观和开朗，做着自己喜欢做的事情。

　　他经常和孙女侯迎一起背古诗，你一句我一句；一起趣说典故，一个说一个解释，其乐融融。一次孙女说给您唱个歌吧，"……没有天哪有地，没有地哪有家，没有家哪有你，没有你哪有我，假如你不曾养育我，给我温暖的生活……"他以为是孙女编的，边听边笑，以至于笑出眼泪。

⊙侯老和孙辈们在一起

有学生来探望他，他还一板一眼地给学生表演一些锻炼的动作：怎样练习下蹲，怎样利用改造后的自行车练习原地蹬车，怎样练"推磨"。他风趣地对学生说："放弃下蹲，就等于放弃健康。"他那种锲而不舍的精神，总是使前来拜访的学生深受感动和启发。

侯老还给自己制定了严格的作息制度：早上7：00开始锻炼，10：00～11：00读报写笔记；下午1：30开始锻炼，3：00～4：00读报写材料，4：00以后开始走路；晚上6：00准时看青岛电视新闻，6：30看山东电视新闻，7：00看中央电视新闻，7：30吃药，8：00睡觉。

侯老常年订阅《中国日报》《光明日报》《参考消息》《青岛日报》《中国海洋报》《黄河报》等报纸，经常阅读的杂志有10余种。他有剪报的习惯，把所关心的资料亲自剪下粘贴成册，便于查找。现在这工作只能用左手来完成，考验着他的毅力和耐心。他还坚持根据报纸和电视新闻写感想，完全用左手写。前两年每2天写一篇，后两年每3天写一篇。

后来，侯老最喜欢站的地方是家里的阳台，因为从阳台就可以看到大海，孩子们经常看到他一个人在阳台上静静地站着，眺望着远方蔚蓝色的大海，陷入沉思……

2006年金秋，侯老突然对儿女们提出要到团岛海边去看看。那时他的右半身已瘫痪，不能站立，不能行走，只能坐在轮椅上。然而老父亲既然提出了这个要求，子女们商量后决定，还是满足老人的心愿吧！

到了团岛，孩子们推着老人，缓步行走在岸边，停下来后，侯老长时间地注视着胶州湾海面。那天天气晴好，能见度很高，对岸黄岛、薛家岛的轮廓看得很清楚。他忽然指着薛家岛说："隧道修好了，只要10分钟就过海了。"

那天，侯老特别开心，他说："40年前，我在胶州湾做水域调查，是手摇渔船，风浪很大，差一点掉海里。现在阔气了，有了现代海洋调查船。"

他巡视着海面感慨道："青岛人真有福气，因为有胶州湾，过去靠湾吃鱼虾，现在靠湾兴市，有了胶州湾才可能有青岛港，有了港才有市，胶州湾是个天然的聚宝盆，可以建10亿吨级的大港，青岛未来就看港了。"

侯老曾说，他一生参加过大大小小60个港口的建设，青岛港址条件是最优的，在世界上也是罕见。

天色渐渐晚了，夕阳洒向波浪荡漾着的胶州湾，映红了前湾港里的高大塔吊。坐在轮椅上的侯老望着斑斓的大海，慢慢抬起手指向了远方，这是一道多么美丽的风景啊！

天气已有了些凉意，儿女们劝侯老回家。侯老忽然长叹一声："桥啊！桥！"侯老是在庆幸胶州湾跨海大桥桥址最后的选择吧？因为，2005年3月，国家正式作出批复，在北桥位建设跨海大桥，2006年已经破土动工。侯老多年的夙愿得以实现。

2006年10月2日，他向永庭、永海、永健三兄弟提出要到他出生地即墨金口镇侯家滩看看。车快到老家时，他说，不要惊动领导，不要惊动老乡，不下车，只在车里看看。到了老家他望着一棵大槐树，发出笑声，说他儿时经常在此乘凉，现在的农村已大变样了，茅草屋变成整齐的瓦房。几个老乡好奇地看着路边的汽车，侯老招呼他们过来，亲切地问他们生活怎么样，兴致特别高。侯老又要求带他到他读初中的即墨信义中学（现为即墨一中）看看，这里原是德国教会学堂，1904年由几个德国传教士兴办。当时已经103年了，学校还完整保存了四座小洋楼，作为文物和传统教育基地。他在车里长时间注视着他十几岁时在此读书的学堂，他说那里是图书室，他放学后就埋头在图书室里，如饥似渴地选书读。后来，1940年他考上青岛礼贤中学工科部（现青岛九中）也是一所德国人办的教会学校，从这里考上大学，走上社会。

2006年11月，日照港迎来了建港20周年大庆，日照港务局局长代表日照港到家中邀请侯老出席庆典，此时他已半瘫在床，不能出席。当他知道日照港当年吞吐量已突破1亿吨大关，跃为中国第九大港，日照港股票已在上交所上市时，高兴地说："日照港还有潜力。"港务局局长授予他一枚开港20周年金质纪念章，他把这个纪念章一直放在床头上，在最后的日子里，这是他最珍贵的宝贝，不时拿出来看看。在他离开那一刻，这个纪念章还在他的枕头旁，他与日照港的感情如同大海一样深，日照港也是他一生科研上最得意的作品。

侯老生病的四年多时间里，乐观地面对人生，坚信自己的生活理念，用坚强的毅力与疾病抗争。生病期间他还写了上百篇文件与信函。

一个人，越是处于困境之中，方能显示其力量与精神。侯老的晚年，使子孙、朋友、学生更深刻认识了侯老，而侯老在这段时间给予他们一笔巨大的精神财富。

三、他的精神将不断激励后人 🐭

2007年2月15日,农历腊月二十八。这天,侯老吃过午饭,吃过药,起身准备上床休息,突然感到胸闷,儿女们赶紧扶他上床,他轻微地反复叫着儿女的名字,就这样在平静中永远地睡过去了。

再过两天就是年三十,儿女们商议尽量不要惊动大家,第二天早上举行家庭告别仪式然后就火化。

当晚,中国海洋大学党委书记冯瑞龙闻讯后,指出:"侯老一生为海洋教学科研事业作出了杰出的贡献,为我国海港建设建立了丰功伟绩,我们都是侯老的学生,明天追悼会一定要开。"他立即要求学校退休办、工程学院、海洋环境学院连夜通知安排。

2月16日,上午10时。侯国本先生追悼会在青岛市殡仪馆告别厅举行。

中央政治局委员、湖北省委书记俞正声专门托人表示哀悼慰问之情。

山东省原副省长、东营原市委书记李晔发来了唁电。

青岛市人大、青岛市政府、青岛市政协、青岛市委统战部、民盟中央、日照市政府、东营市政府等也发来唁电。

青岛市政府及有关部门领导,因为事前都安排了春节慰问,派人或通过电话表示哀悼。

日照港发来的唁电中说:

> 斯人已去,海港泣颂;长歌当哭,如哉何疼;
>
> 清风一生,言为心声;不求名利,只作学功;
>
> 力排众议、刚直方正;全举石臼,一吼天声;
>
> 亿吨大港,上市锣声;人民教授,永活心中。

好友刘学政发来唁电：

一生治学严与谨，坦荡磊落声名成；心底无私不唯上，敢吼天下第一声；斯人仙逝世人泣，伴海伴港伴人生。

只隔了一夜，几百人赶到殡仪馆为先生送行。日照市市长杨军专程从日照赶来，向侯老遗体深深三鞠躬，抬头时泪水已冲出眼眶。他拉着侯永庭的手说："我代表日照280万人民前来为侯老送行，日照人民永远不会忘记侯老为日照港建设作出的贡献。"

青岛市人大、青岛市委统战部、青岛市民盟、青岛市发改委等机关的领导，青岛海洋地质研究所、国家海洋局一所等单位的代表，中国海洋大学党委书记冯瑞龙、副校长于宜法、工程学院院长李华军、党总支书记辛华龙以及刘德辅、魏守林、徐立伦、侍茂崇、徐德伦、方欣华、拾兵等教授参加了追悼会。

侯老的学生张义正已年届七十，在侯老遗体前长跪不起，泪湿衣襟；得到侯老资助的小保姆泣不成声，场面悲恸感人。

侯国本先生悼词全文如下：

我国著名的海洋工程专家，第七届全国人大代表，第六届山东省人大代表，第九届青岛市人大代表，山东省劳动模范，享受国务院政府津贴专家，中国海洋大学教授侯国本先生，于2007年2月15日15时因心脏病突发不幸去世，享年89岁。

侯国本先生，1919年1月出生，山东即墨人。1947年毕业于国立西北工学院水利系。历任山东大学、青岛工学院、西安动力学院、西安交通大学、山东海洋学院、青岛海洋大学、中国海洋大学助教、讲师、副教授、教授。中国海洋工程学会海岸工程专业委员会第一、二届副主任委员，太平洋海洋科技大会第一、二届理事，山东海岸工程学会第一、二届副理事长。

1950~1953年，参加淮河治理工程。获"一定要把淮河修好"纪念章。还参加了佛子岭水库、梅山水库、官厅水库、小丰满水电站的建设工作。

1959年，参加黄河三门峡截流工程，采用管柱法截流方案。

1964年，在山东海洋学院组建海洋动力实验室，建成国内最大的平面水池、80米长的风浪槽和100米长的大型波浪槽。1978年在全国第一届科学大会上获"重大贡献集体"光荣称号。

1984年，组建山东海洋学院泥沙研究所。

1985年，组建山东海洋学院港口及航道工程专业。

1993年，获太平洋海洋科技大会（PACON）"海洋服务奖"。

侯国本先生长期从事水利工程和海洋工程的研究，关注国家经济建设，多次与中央领导汇报并上书中央有关部门。"日照港可建深水大港"的建议被采纳，日照港现已成为全国十大港口之一。"黄河口无潮区建深水大港""黄河口挖沙降河，稳定流路"的建议被采纳，保障了胜利油田的稳定生产。积极参与青岛"引黄济青""胶州湾保护""黄岛电厂海水冷却、防波堤""海湾大桥""海底隧道"的建议论证。

侯国本先生主持研究的"大型集水池""扭工字块""栅栏板"被列入交通部设计规范。

侯国本先生主持了"日本富士号钻井船滑移试验""毛里塔尼亚共和国港口工程""马耳他共和国港口工程、船坞工程"等60多项试验项目，获得交通部、石油部等部委的高度评价。

侯国本先生的主要著作有《东营港》《日照港群》《龙口湾深水港》《胶州湾港口功能》和译著《海洋结构物动力学》等11部；在国内外发表论文百余篇。

侯国本先生，毕生治学严谨，为人正直坦诚，在学界德高望重，享有盛誉。他将自己的一生献给了党和国家的海洋科教事业。他的离去，使我们感到万分悲痛。

我们一定要把侯国本先生未竟的事业继承发扬光大，以慰其在天之灵。

尊敬的侯国本先生，您安息吧！

追悼会后，侯老的生前友好、同事和学生等，经过商议为他撰写了墓志铭，墓志铭对侯老的一生给予了的高度概括和中肯的评价。

2007年2月15日午，一代宗师侯国本先生离开一生魂系的海洋教育事业，走完89年人生历程，溘然长逝，留给我们的是无尽哀思和永久的崇敬。89年是短暂的，又是永恒的。在他人生旅途中，集智慧、真诚于一身，勤思敏行，躬劳一生，鞠躬尽瘁于祖国的海洋事业。斯人虽逝，却永远活在我们的心中。

现在我们哀悼他，纪念他，不仅因为海洋界失去一位巨人，同辈人失去一位挚友，作为他的学生失去一位良师，更重要的是他对海洋事业孜孜不倦的追求和严谨的治学精神。纪念他就要发扬他的精神，作为宝贵财富继承下来，不断激励后人。

什么是侯老精神？我们认为：从大的方面来讲，对祖国的海洋事业忠心耿耿，矢志不渝。胸怀博大，以天下为己任；积极进取，勇于开拓，从而奠定海洋大学海洋工程研究的基础。从小的方面来说，修身齐家，克己待人。侯国本是搞水利工程的，自1964年赫崇本先生派人三下西安将他请来，我校海洋工程才出现繁星璀璨的局面，石臼所大港和黄河海港都是在他提议、论争、不懈的努力下建成的。毫不夸张地说，没有侯国本，就没有今天的山东南、北两个大港，就很难出现山东海洋产业的产值位列全国前茅的辉煌局面。

他是一个海洋人，每次看到海，闻到那种潮湿、清新、略带一丝咸味的空气时，他就像注入了一剂兴奋剂，心中会燃起一种激情、一种征服的欲望，心潮澎湃、目光炯炯。在他眼里，蓝色是人类与自然琴瑟和鸣，是人类生命原色之张扬。它以包容函纳的胸怀，自然纯化的气度，维系着生命的蓝色。但丁说："海是神的路。"闻一多说："蓝，教我以高洁。"海大人说："俯视大海奔，茫茫与天平。"也正基于此。

他做起事来，霹雳如火，只争朝夕。但是他在阐明一种观点，总以一种柔和的面目出现，像火焰里的蓝色，像深山里青石板上流过的水，像传说中稀世宝剑那样敛着锋利。声音不高，但是条理清晰。中国传统文化讲"中庸""中正平和"，而他敢于向权威挑战，提出问题，解决问题。不墨守成规，走创新之路。

他不是谦谦君子，他敢怒、敢爱、敢恨，敢于发表自己的意见，不怕得罪人；他胸无城府，和他交谈，很快就熟悉他每一个想法，如同他就在指尖可触的距离。

他具有鲜明的个性，特立独行。对水利工程中存在的问题，总是知无不言，言无不尽。不折中、不骑墙、不和稀泥，不轻易苟同多数意见。

他是勇士，是将军。在风雨如磐的大浪里，他稳操胜舵；在众说纷纭的言谈中，他独树一帜。

他又是一位海洋工程战略家。眼观四海，耳听八方，胸藏珠玑，高瞻远瞩，审时度势，运筹帷幄，决胜千里。

侯国本就像一棵树，一半在土里安详，一半在风里飞扬，一半洒落阴凉，一半沐浴阳光，没有悲欢的姿势，站着成永恒。

爱因斯坦曾说："一个人的价值，应当看他贡献了什么，而不应当看他索取了什么。"侯国本先生足迹遍布祖国万里海疆。他的高瞻远瞩和真知灼见常令人倾倒。而其以理服人、以德报怨的高尚情操以及全身心地投入科学研究的精神，正是他事业上成功的重要原因。

斯人已乘黄鹤去，白云千载空悠悠。

PACON理事会换届时得知了侯先生刚刚去世的消息，PACON主席萨西纳立即给侯永海写信，索要侯先生的资料和照片，在《太平洋之声》通讯季刊为侯国本先生刊发纪念文章。

当年日照港破土动工兴建时，曾在侯老下放日照期间为他划渔船测量水文的一位渔民兄弟已成为一名筑港工人，在挖土方时，劈出一块高五米的完整巨石，工人们向时任日照市市长王家政建议，用这块巨石为侯教授雕一尊石像，后来据说，不可以为活着的人雕像，就把这块巨石放在市政府后院备用。

现在侯老已经远去，他的精神却永久地留在了人们的心里，人们依然在传说着他在"日照港""东营港"建设中的传奇故事，称颂着他"敢吼天下第一声"的勇士品格。他的生命已经化作了基石，永远立在大海边，站着成了永恒……

第十三章

永远的怀念

　　侯老走完了他充满传奇色彩的一生，人们睹物生情，万般思绪涌上心头，仿佛又听到了他在课堂上诲人不倦的声音，看到了他身着褪色的中山装奔波在黄河大堤上的身影，感受到了他山一样的父爱、海一样的胸怀……

一、各界纪念文章 🦋

知识与智慧

李茂和

不久前，惊悉中国海洋大学侯国本先生仙逝，十分悲痛与惋惜。不知为何，人不在了，其音容事体，反觉难忘，不经意间想起两年前聆听过的他关于"知识与智慧"的话题，至今还言犹在耳。

那时，我借回青岛参加母校80周年校庆之机，去看望老先生。耄耋之年的他，身体仍很健朗，说起话来洪钟似的，思路清晰。久别重逢，寒暄之余，就谈到了海洋科学方面的知识问题，以此来请教先生，谈着谈着就转到了知识与智慧的辨析上。侯先生说，表面上看，知识与智慧似乎没甚差别，其实不然。智慧始终是积极的、进步的和光明的。如牛顿发现万有引力定律，爱因斯坦创立相对论，瓦特发明蒸汽机等等，这都标志着人类的大智慧。它对人类社会的进步和生产力的发展，都起到了推动作用。而知识却不尽然，有正面的知识，也有反面的知识；有进步的，也有消极的，甚至有反动的知识。正面的知识，如农耕的知识，航海的知识，航天的知识，工业方面的知识，等等。反面的知识，如投机倒把、坑蒙拐骗、盗窃和作奸犯科的手法与技巧，那也是"知识"，虽然有引号。而这些所谓的知识对人类社会和生产力，只能起破坏和阻碍作用，是消极反动的。由此可见，知识和智慧有差别，不能等同看待。不能笼统地提做有知识的人，而要做有智慧的人。我听后受益匪浅。

回顾侯先生的一生，称得上是一位智慧之人。他长期从事水利和海洋工程工作，十分注重科学理论与生产实践的结合，主张一切科学理论都是为了解决国计民生中的实际问题。几十年来，他先后在几百项有关大河截流、船坞排灌水、港湾防波堤、大型海洋浮标等工程的模拟试验中，解决了许多技术难题，作出了重要贡献。侯国本先生在多方面有建树，他的引水冲沙的治黄方案、关于解决青岛用水的问题等，都有独到见解，闪耀着他智慧的光芒。

最能代表他智慧之光的，则是表现在山东日照港的建设中。1978年，我国决定在连云港建设深水大港，并已获全国人大通过，交通部也很快与荷兰签好了援建协议。就在这"万事皆备，只待实施"的关键时刻，侯先生以对国家高度负责的精神，对港址的选择提出了异议。在充分调查研究的基础上，他指出，连云港外航道处在海洋风暴潮和台风袭击的范围之内，在50年一遇的大风浪情况下，会出现灾难性淤塞；且该港属侵蚀性海岸，会影响航道的稳定，而在原建方案中未做充分考虑，仅把潮流作为主要挟沙动力，从而存在严重欠缺。与此同时，侯先生与其助手对山东石臼所的地理、地质及水文气象环境做了充分细致的调查，并与连云港作了生动详尽的对比研究，认为深水大港改建在石臼所更为适宜。侯先生力排众议，致信李先念同志，陈述利害，从而引起国家及有关部门的重视，经过多数专家集体论证，认为侯先生的意见有理有据，最后采纳了他的主张，将深水港选在了石臼所。这就是现今的山东日照港。

侯先生已离我们而去，但他的丰功伟绩，他富有智慧的思想，永远留在我们的心中。

（2007年5月22日《中国海洋报》，作者时为海洋报社总编辑）

侯国本教授在日照港选址中的重大贡献

王 涛

"黄海滩头千年睡，日照东岸巨港出"，日照港现已发展成为年吞吐量超过1亿吨的巨大港口。日照市及鲁南地区经济社会的发展在日照港和兖州铁路的带动下，在改革开放政策的指引下，已取得巨大进步，并越来越显得光彩夺目，如同旭日东升，蒸蒸日上。

当我们十分高兴地看到日照港和鲁南地区经济与社会的巨大发展和繁荣景象时，我们不能不想到和怀念敬爱的侯国本教授在日照港建设初创阶段所发挥的关键作用。毫不夸张地说，没有侯国本教授为首的专家们的努力，就不可能有作为地区经济社会发展动力的今天的日照港和今天的兖石铁路。

20世纪70年代，由于兖州煤矿的发现和开发，每年数千万吨的煤需要外运。离兖州最近的港址有连云港和石臼港。连云港是个已建40多年的老港，其淤泥滩宽水浅，只能停靠千吨级船舶，石臼港当时是个小渔港，由于水深滩短，是一个适宜建10万吨级乃至20万吨级以上的深水优良港址。由于出现了建设深水大港，同时修建由港口直通兖州的铁路的良机，山东省和江苏省都为当地航运交通和经济社会的发展，分别提出了修建石臼港与兖石铁路和修建连云港与连兖铁路的规划建议报中央政府审批。因而形成了两个港址、两条铁路线争建的局面，此期间，山东省为了取得充分的证据证明石臼港具有建设深水大港的优良港址条件，于1978年1月组织了全省18个单位和以侯国本教授为首的专家及上千名人员参加的石臼港址和兖石线路的勘察团队，对岚山、石臼适合建深水大港的优良自然环境条件进行全面调查和科学论证，经过近一年的共同紧张的大会战，形成了岚山、石臼适合建深水大港的可行性论证报告，随即报送交通部和国务院，但久无音信。与此同时，连云港在江苏省政府的大力推动下，也对在连云港建深水港的可行性进行了调查论证，并请时任中共中央副主席李先念到连云港视察，并对连云港建设题了词，大意是"……要把连云港建成与世界媲美的中国东方大港"。连云港建设以中共中央副主席的批示为契机，如火如荼地向前推进。时任矿业部部长的康世恩为此专访荷兰，并与荷兰签订了由荷兰协助贷款10亿美元，由荷兰总承包将连云港建成10万吨级的煤炭出口港。随即荷兰的港口建设专家和筑港机械相继到达连云港，并开始部分工程作业。

在这种形势下，山东意识到争取建设岚山、石臼深水港的希望已成泡影，只好专注于组织在连兖铁路选线中力争一定要通过临沂，并在临沂设站的活动方面。在两个港址的建港条件，岚山、石臼明显优于连云港的条件下，国家却放弃优良的岚山、石臼，选择淤泥厚积水浅滩宽的连云港建深水大港，侯国本教授对此非常担忧，如变连云港为深水港，必须在淤泥滩上挖出一条24公里长的深水航道，在大风浪条件下的港口航道会淤积，并可能产生超淤的危险，对港口航道安全构成威胁，使国家再背上一个港口淤泥的包袱（前已有塘沽港）。为此，侯国本教授经常与鲁南选港专家议论此事，并主张应向上级反映情况，争取改变国家的这一深水港址的选择意见。

此时我正在海大文圣常教授主讲的英语辅导班听课，教室隔壁就是侯先生的办公室，听完英语课后，多次到侯先生办公室议论向国务院写信的事。当时由于侯先生有许多任务正忙，没有完成此事。就在这万分焦急的时刻，时任中科院海洋研究所副所长的李磊同志告诉我1978年10月1日海洋所所长曾呈奎要到北京参加国庆招待会，会上能见到中央领导，有机会把信交上去，起码能交给时任中科院党组书记兼院长的方毅同志。

有此良机我立即到海大报告了侯先生，侯先生也认为机会难得，立即请来参加过港址勘察的沈育疆、侍茂崇两位老师一起讨论了建议书的内容，并议定了提纲，请侍茂崇老师执笔起草建议信。大家都觉得单由我们四个人在建议书上签字力量不够，由侯先生出面再邀请解放军工程部的顾继成和交通局的毕耀旺两位港口专家在建议信上签名，建议信起草修改后由曾所长的秘书周显同用打字机打印好。第二天六个人签名后，侯先生带着我们到曾呈奎所长家把建议信交给曾所长，曾所长很高兴，表示愿促成此事。此后，曾所长到北京时把信交由方毅院长转呈。

该信交上去几个月一直没得到回应。为此，我借去北京出差的机会，到中科院去打听消息，都不知道该信被压在哪个人手中。此时在中科院资环局大气海洋处工作的大学同学韩修文主动提出，他可以帮助我们把建议信交给李先念副主席，因为李副主席的秘书与他住在同一栋楼内，关系也较好。

回青后不久，正遇上侯先生和我被邀请参加在上海锦江饭店召开的"中国海洋救捞工程协会（海洋工程学会前身）筹备会"。在这次会议上，我们与江苏省支持建连云港的专家对连云港与石臼两港址那个适合建十万吨级煤炭出口港的问题展开了非常激烈的争论。甚至争论得彼此不能同在一个房间中住宿，不得已临时调换了住宿房间，气氛才有所缓和。三天会议结束后，侯先生的老朋友、时任江苏北仑港建港指挥部总指挥的一航局局长王禹，邀请我们到北仑港参观由清华大学实施的港区山丘定向爆破壮观情景。我们如约于11月20日到达北仑港。在北仑港的四天时间里，除参观山丘爆破现场和拟建码头前沿安插28米长的第一根水泥试桩过程的工程现场外，三个人也一直议论连云港建深水大港不恰当，该港址存在很多不确定因素，主要是港区内存在深厚的淤泥浅滩。但是也认为连云港有了李副主席的批示，要改变目前的局面，如果李先念副主席不松口，下面谁都不敢改动，关键问题就是能让李先念副主席允许对两个港址进行比选，依据专家们的比选论证结论，再作选择深水港址的决定。并觉得有李副主席的秘书这条线，信可以交到李副主席手上！由于急于要回青岛，决定返青后召集大家再发建议信，返青途中12月23日晚又返回到锦江饭店住宿。晚饭后，我们俩又议论起前几天开会的情况，越议论越担忧，并决定马上再给李副主席写信。当晚我们在上次那封建议信的基础上，进行了删节和补充，力求简短精练，重新写了直接交李副主席的建议信，主要内容是请求李副主席在兖州煤炭出海深水港址选建在连云港还是岚山（石臼）港问题上，同意召开两个港址比选专家研讨会，依据比选论证结论决定港址的选择。当时仅我们俩在场签了名。

12月24日上午我到锦江饭店附近的邮局把信寄给了中科院资环局的韩修文同志。请他转交给李副主席（给李副主席的信封我们在上海已写好）。此信出乎预料的顺利。翌年（1979年）1月1日晨，李先念副主席就对我们的信作了肯定明确的批示。主要内容是请谷牧、叶飞主持召集对港址选择有不同意见的同志和赞成这个方案的同志一起多议几次，慎重斟酌。

李副主席的这个批示一公开，连云港和石臼港两个港址比选的形势顿时大变，大家期盼已久的对两个港址进行科学比选的条件已具备，时机也已到来。连云港与岚山（石臼）两港址比选研讨论证会，由交通部主持，于1979年4月6日至19日召开，论证会分两个阶段，第一阶段全体入会者先在济南南郊宾馆集合后，集体分别到石臼、岚山头和连云港现场查看并听取各地港址可行性情况介绍，还参观了在建的古镇口港沉箱码头建设现场，当时有人提出石臼所浪大，建设难度大。第二阶段从4月16日起在北京交通部会议室召开讨论会，会上专家们畅所欲言，各抒己见，以学术民主、百家争鸣的精神，对比论证了两个港址的优劣条件，侯先生在会上进行了多次发言，充分阐述理由，主张把深水港址选建在石臼港，侯先生对连云港最大的担心是连云港的淤积问题、大风浪流潮海况下深水航道的趋淤问题，怕继塘沽港后国家再背上一个港口大量淤积的包袱。侯先生的见解得到了大多数专家的支持，多数专家认为石臼所是我国难得的优良深水港址，有条件建成10万吨级乃至20万吨级以上的深水港口；认为在石臼建港，深水线近，基础好，可就地取材，造价低，陆域广，腹地大，很有发展前途；可以"一看到底，一劳永逸，没有后顾之忧，设计人员可放心睡觉"。在连云港建深水港，多数专家认为港口已有40多年的历史，有老港依托，积累了大量资料，为建港创造了条件，但还有许多问题没有弄清楚，不能下决心。主要的问题有三个，一是地处淤泥质深厚的海岸，距深水线20多公里，开挖航道港池，建码头，难度大，费用高；二是港区陆域狭窄，堆场及铁路站线需回填造陆，软基处理难；三是堵西口问题较多，泥沙回淤问题不清楚。

许多专家教授认为连云港、石臼所相距只有40千米，经济腹地基本相同，目前在这一区域建两个综合性大港是不合理的，依据深水深用、浅水浅用、统筹安排、专业分工的原则，在石臼所建深水煤炭专用码头，在连云港逐步建五万吨级以下的散杂货码头是合理的。

连云港和石臼选港座谈会4月19日结束。会后依据座谈会提出的意见和问题，国务院、交通部经研究决定，暂停连云港深水煤炭码头建设，并通知荷兰人，暂停连云港的建设，待进一步论证后，再恢复施工。交通部于1979年5月26日下发"关于继续进行连云港、石臼所两港勘测、科研和设计方案工作的通知"，对两港址进行深入研究比选，并决定，两港设计方案以及科研试验成果的讨论比较工作，由水运规划设计院负责组织。经过对连云港和石臼所两个深水港建设方案的比较，于1979年10月25日最后决定建设石臼所煤炭、矿石码头，并与秦皇岛二期煤炭码头同时使用日元贷款进行建设。经过大量筹划工作后，国家计委于1980年3月5日正式批准新建石臼港工程。其建设规模为：建设10万吨级和2.5万吨级煤炭泊位各一个，年吞吐能力1500万吨，建设10万吨级矿石码头泊位一个，年吞吐能力500万吨，另建3000吨级成品油泊位一个。至此，大家期盼的建设石臼港和兖石铁路的梦想即将成为现实，侯先生带大家争取的目标开始实现。一直沉睡的日照海滩上，一座巨大的港口将兴起，从此日照大地开启了新的社会经济繁荣的征程。

（王涛，中国科学院海洋研究所研究员）

悼念侯国本先生

张亭健

先生溘逝，山斗安仰？曩昔在睫，伤悼无已。

忆先生初事西安交大，曾为国家级大型水利工程副总，以术业精专而负有盛名，甚得国家物理海洋学先驱赫崇本先生高盼，派人不辞劳顿，三顾延聘。先生赍志东来，欲展宏猷，然遭十年浩劫，不得一逞。虽此，其报国之念不泯，尝于日照濒海"劳动改造"之闲，每每详审其岸势沙态、波况潮情，忖度何以御侵益民，何以开发利国，此殆后来先生关于石臼筑港力谏国家之初萌乎？谅先生身于颠沛而怀天下，斯范仲淹所云古仁人之心欤？

国运天佑，幸有邓公一朝靖乱，"文革"罢，百废兴，先生出。乃奋袂攘衽以进，疾追谬失流光。先生屡称：自某意义而论，兴国赖于开发，开发赖于工程，工程赖于研究，研究赖于手段。凡此依赖，于海洋开发犹然，而"物模"手段之于海洋工程动力研究则然之又然。是以建物模室，创海洋工学，即固为先生效力于海大之笃衷。

是时，劫难方定，帑虚财困，何来直拨经费以全先生之志？能者无阻，勤者不歉，先生既能且勤，自信天道必酬。于是不畏讥谗，风尘仆仆上下游说以请助于各级府署；不避艰辛，货技贾术以募集于远近企业。先生自能枵腹从公，以汇涓之流，悉数作本投入建设，曾不分一杯羹，亮哉节也！天不给人，海洋工程动力实验室由是终具规模。而后，是学科也、是专业也，抑或相关建制也，乃因以而立。学校之海洋工学，如无先生当初之奠基，讵有今日之轮奂，先生首愿遂矣！昔先生裸臂跣踝躬作水池，劬劳兢奔之状，恍于昨日，而今安在哉！

修齐治平，盖古士君子之志，先生良得薪传。是以国家建设，无日不萦诸彼怀，所论所惟，概不出科技经济术略。先生曾广涉江河湖海，躬亲考察，审曲面势，每有建言，所言必能瞰视而兼顾，不失大家气度。临河间而倡言油田津口，至鲁南而上书迁港之北，先生之功成矣；忧黄河高悬之险而谋计防范，虑北地乏水之厄而谋策释困，先生之心力瘁矣。先生为人耿介不随，謇愕无忌，或可因被微词，而先生殊不为意。同仁诸公，亦必以史鱼秉直而鉴其公心矣。

先生硕学博究，一代宗师；成就卓著，齐鲁物望。治学振铎毕生，著述祁祁，桃李济济，而今骤然召归，上天何此悭吝不悯也！我以工作而得识先生，追随左右，师事先生凡十数年，由不会而会而具自克一面之能，概得于先生之教。不世之惠，恩戴二天，衔环结草，难以为报，今遽知先生之不禄，高山摧矣！能不伤痛欲绝乎？唯愿先生安眠。

（张亭健，原为侯国本先生助手，后任国家海洋局第一海洋研究所研究员）

科技工作者的楷模

——怀念侯国本老师

（有删节）

丁　东

敬爱的侯国本教授已经离我们而去，这是难以接受的事实。一年来老师的音容笑貌时刻浮现在眼前，仿佛又听到老师谆谆的教导，好像又看到老师慈祥温和的目光；总是要想起，考察黄河时老师和我们在一起时谈笑风生……得知老师逝去的消息，我心情无比沉痛，怀念的悲伤深深埋藏在心底，更多的思绪萦绕在心头。好的老师不但为我们开启一扇智慧之门，还为我们指明一条人生之路，并引领我们前行。我有幸能在成长过程中遇到这样的恩师。先生酷爱科学，他将自己的一生毫无保留地献给了海洋科学与教育事业，无论在顺境或逆境中都满怀希望，奋斗不息。得知先生在"文革"中受批斗以及下放劳动阶段，在难以想象的艰苦环境中竟分秒必争地坚持他的科学调查研究，我真是非常感动。他时常说，抓紧日常的零碎时间，多看些材料，碰到问题时就会有用，才能解决问题，先生的身教使我永生受用。

先生在科学上举世瞩目的重大贡献尤其是港口建设的功绩众所周知，但他很少谈及他自己过去的成就。先生平易近人，他对待学生就像慈父对待子女一样亲切。在一起讨论问题时，我们都可以畅所欲言、无拘无束。先生总是和蔼地回答大家提出的问题，信心百倍地讲述将要做的工作，气氛就像在家庭中那样愉快，时常可以听到先生爽朗的笑声。先生知识渊博，专业知识面广而扎实，特别善于思考，常常在平常的谈话中使大家获得很多知识和受益一生的宝贵启迪。

先生豁达开朗，心胸坦荡，从不计较个人得失，对人总是那样宽厚。在"文革"期间他曾受到不公正待遇，但先生十分坦然。先生在南方某一所大学食堂就餐，有些学生得知他就是力主在日照建深水大港的教授时，竟然向地上吐口水以泄愤，先生一笑了之。侯教授以理服人、以德报怨的高尚情操，放下一切恩恩怨怨的包袱，全身心地投入到科学研究中去的精神，正是先生事业上成功的重要原因。

岁月流逝，恩师的音容时常浮现在我的脑海中。先生热爱祖国、热爱人民，对科学的执着追求和献身精神以及他耿直不屈、胸怀坦荡、不唯上、不唯书、坚持真理等高尚品德铭刻在我脑海中，难以忘怀。恩师之慈容每现于梦中，其声音常萦绕于耳际，遥忆恩师之谆谆教诲，如在昨日。感念交集，潸然下笔。先生生活简朴，从不追求物质享受，有时外出开会也挤公共汽车。先生积极、豁达的话语，使我们深受鼓舞，深受教育，深感生命之宝贵、生命之坚强。直到今天，我仍然觉得还有太多太多的事情没有听到老师的讲述，太多太多的理论和技术问题还没有向老师请教，可是他却猝然离去。

先生去世，大家都感到突然，更不愿意相信。在沉痛的怀念中，我们感受着一种无奈：天行有常人无常，天行无情人有情。我们想象，老师又是何等之无奈何，老师有多少想做的事还没有做。我们将接过老师的衣钵，不敢说有其智慧、勇气与执着，但是，心切系之，心向往之。

仰望老师的画像，其音容笑貌，历历浮现，我们泪如雨下，恨苍天无眼，慨人生无奈。望着画像中老师恬淡、深邃的目光，我又感觉，老师一生直言无悔，鞠躬尽瘁，生之豁然，去亦恬然。师恩永在，师情长存！

侯国本先生的一生，是为祖国和人民作出了卓越贡献的一生。在其为人大代表时忠实地履行职责，为人民行使职权。这样一个人大代表的行权历程是为人们所称颂的。以下就我与先生共同生活和随同先生考察时所闻所见的事情进行简要回顾，以使大家从一个侧面认识其奋斗的峥嵘岁月。

一、为祖国的经济腾飞多建大港口

山东的日照港和东营港的建设和发展，凝聚着侯国本教授的心血和智慧。这两个港口的建设具有神奇的特色在科技界广为流传。有一次与中科院院士任美锷相遇在东营，散步时谈到有关建设港口时，任先生感慨地说："一个人一生能参与建设一个港口就很有成绩，像侯先生这样参与建了两个大港口，是少有的。"

在淤泥质海岸，只要水动力条件适合，也同样可以建港，这也是一个重大的理论突破。侯教授在进行黄河三角洲考察时，很兴奋地和我们谈起有关黄河海港的建设问题。

他从青岛来到东营，与科研人员一起在波涛汹涌的大海中认真调查和测量。经过两年多艰苦细致的调查研究工作，侯先生认为，黄河三角洲的神仙沟沟口形成一个无潮区。无潮区的特征是潮差小，流速大，泥沙不会淤积，加之该区沉积动力条件良好，属蚀退型海岸，冲刷能力较强。这恰是建设深水大港的良好条件。淤泥质海岸的无潮区完全可以建港，打破了长期以来形成的在淤泥质海岸难以建港的理论。这是一个重大创新，是海岸带建港的一个基础理论。

侯先生感到异常兴奋，随即撰写了《关于黄河三角洲海港建设与水运建设的设想》的论文。时任胜利油田党委书记兼东营市委书记的李晔读了侯国本的论文后，激动不已，挥笔写道："天下事，难，就难在吼出了天下第一声！"在以后的工作中，任凭风浪翻滚，他们同舟共济，患难与共，结成最好的朋友。

1992年，黄河海港根据国家统一规定改称为东营港。1995年，海港大堤已延伸到了水深5.5米，正在向水深10米延伸，一个拥有2万吨、5万吨和10万吨泊位的大港呼之欲出。目前这一理想已经变为现实。根据多年奋斗和积累的丰富资料，侯先生与侍茂崇老师等出版了《东营港》一书。

二、为人民毕生治理黄河

对于黄河的治理和开发利用，侯先生付出了毕生的心血。他几乎年年都要考察黄河，黄河中下游留下了他的足迹。1992年10月、1993年11月23日～12月5日、1996年4月11日～29日以及1998年夏天，侯先生数次带领我们对黄河流域进行深入细致的考察和研究。从黄河口的东营，向西而上，踏遍山东省黄河两岸，如滨州、德州、济南、泰安、聊城、菏泽等。从高村水文站到河口的利津水文站，所有的水文站、泄洪区都走访遍。河南省、陕西省的沿黄重要地方也都是研究的重要站点，如洛阳、郑州、花园口、华阴、韩城以及渭河流域的宝鸡和渭河口。所到之处，均与当地领导、科技人员、水库工作人员及居民座谈，了解情况，观察现场。除有关黄河的问题外，他也深入了解当地居民的生活问题，关心他们的疾苦。每一次考察回来，侯先生都会带领我们向省、市领导汇报，听取他们的看法和意见。所有这些都为他的研究和向有关部门反映问题提供了丰富的第一手资料。所有问题及其解决方案，均成为他日后向有关会议提交的议案，以此充分维护人民的利益。

治理黄河理论的重大突破——挖沙降河。

1982年，中央领导来东营视察工作，要侯先生针对治理黄河流路变迁谈谈看法。侯先生认为黄河之治必自河口始，提出了"挖沙降河"的理论，即每年在黄河口挖取泥沙，降低河口段河床，按照追溯反冲原理，中下游河道的泥沙就会被逐渐冲刷而使河床降低。中央领导在听取汇报后说，一定要认真考虑侯教授提出的"挖沙降河"的意见。

侯先生经常给我们讲解这一理论，并推算出可能的挖沙量。如果每年在河口段挖取3亿立方米泥沙，就可使河道稳定，不再需要改道流路；若每年挖取5亿立方米泥沙，在山东境内河段就不再需要加高河堤；若每年挖取7亿立方米泥沙，上至郑州的中下游河段就不再需要加高河堤。只要每年挖沙不止，30年后黄河中下游河道内积存的大约600亿立方米的泥沙就会被冲刷掉，黄河就会成为一条稳定的地下河。

挖沙降河在1988年进行了一次，当年8次洪峰安然入海。1996年进行了一次，河口流路缩短了60千米，当年洪水安全通过。1998年，黄河三角洲又一次挖河固堤。在侯国本"挖沙降河"理论的指导下，黄河流路频繁变迁的现象已成为历史。黄河实施统一调水，黄河不再断流。

三、合理利用黄河水走环保之路

侯教授认为黄河每年有200多亿立方米水流入大海，实在弃之可惜；如能加以利用，无疑会缓解黄河下游地区严重缺水的状况。

山东省的年人均水资源占有量是344立方米，仅为世界平均值的4%，让黄河水从身边白白流掉，十分可惜。侯国本教授认为，黄河水资源的合理利用应该提上议事日程了，国家应召集有关专家进行考察论证，在科学论证基础上，再具体实施开发计划。

水是关系到人民生活和生产的重要资源，必须开展研究，下大力气加以解决的重要课题。跟随侯先生到各地考察时，他重视这一事关民生的大问题，总是与当地领导谈论有关水资源的事情，处处、时时宣传污水利用。以外国的实例，讲解水资源的多次重复利用，发挥最大效益。他认为环保发展经济是社会发展的必经之路。

四、千方百计保护胶州湾的生态环境

侯教授十分关心青岛的胶州湾，对于它的开发利用和保护问题提出自己的看法和建议，受到各级领导的重视。

胶州湾是青岛的母亲湾。胶州湾港深水阔、淤积量小、无冰冻，是一个难得的天然良港。侯教授认为，自然变异和人为开发是造成胶州湾不断缩小的主要原因。填海工程使原先的一些水中孤岛成了陆连岛。孤岛变成陆连岛后，改变了原来的水动力条件，使水流强度和冲积能力下降，沉积物淤泥加重。胶州湾有其自然规律的水流体系，但因围海造地改变了海水的流场规律，除导致了胶州湾内纳潮量的减少、海域水动力减弱和水体交换、挟沙能力的下降外，也加速了湾口与湾内泥沙沉淤，引起不同岸段的淤积和侵蚀。

1978年，侯教授出席第一届科学大会时就提出"胶州湾保护重于开发"的建议，1997年他在出席北京国际海洋大会时，向时任国家发改委主任曾培炎同志提出在青岛建设北方航运中心的建议。他组织海大、中科院海洋所、国家海洋局一所、海洋地质所等单位的老教授、专家联名上书给时任青岛市市长王家瑞同志，呼吁保护胶州湾，建设北方航运中心。王家瑞市长批示给予肯定，并指示组织专家研究。

从1985年3月25日黄岛开发区破土兴建的那一天起，解决"青黄不接"的青黄海上通道问题就提到议事日程。侯先生是力主海底隧道的召集人，他组织了国内外著名隧道专家对胶州湾的风、浪、涌、地质、地震、气象、水文、海动力、经济等问题进行了长达20年的调研，并在海大的海洋动力实验室进行模拟试验，他十几次上书中央、省、市领导，呼吁保护沧口水道。1993年国家计委在青召开青黄通道讨论会，由于隧桥之争难分伯仲，时任市委书记俞正声同志在会议结束时表示："我们这一代人，搞不清楚的事，让下一代人决策吧！"2005年3月国家发改委正式批复，在北桥位建设青黄跨海大桥，避开了对胶州湾沧口水道的影响，也符合胶州湾功能区划的指导思想。为了胶州湾的开发利用和青岛市的经济发展，侯先生呕心沥血，千方百计地宣传正确的方法，抵制有损于自然环境的方案和做法，保护母亲湾——胶州湾。

侯教授培养了许多学生，可谓桃李满天下。他的高尚品质，是我们应该学习和运用到工作与生活中的。我们将以他为光辉榜样，坚定地奋斗一生。正如侯永庭所说，什么是伟大的人，只要一生为人民，为国家勤勤恳恳做事，让人民惦记的人，才是伟大的。

（丁东，自然资源部青岛海洋地质研究所研究员）

一面清澈的千古明镜
——缅怀侯国本教授
子　敬

以铜为镜可正衣冠，以人为镜可辨是非。那么，以古人为镜，则可以从历史的兴衰演变过程中揭示人生价值，昭示人们怎样的生活才算为国家、为民族尽心出力，一辈子做好事而不做坏事，怎样的成就才是为人类有较大贡献，怎样的言行举止才能塑造起辉煌的人生。

在中华民族近代、现代科技史上，谁也数不清有过多少领时代风骚之人，然而却只有很少的人有恒久的魅力，中国海洋大学侯国本教授就是这样的一个人，2007年2月15日，在他89岁时，耗尽毕生精力，永远地离开了我们。在他离开这个世界周年的日子里，人们深深怀念他光明磊落的一生，缅怀他彪炳千秋的丰功伟绩。

当我们展开新版的中华人民共和国地图时，立即发现在太平洋西岸的黄海北部、黄河三角洲、渤海湾及共和国中原腹地增加了两个圆点，新划了一条红线，固定了一段蓝色彩条。

北纬35°23′、东经119°33′，我国十大港口之一——日照港。

北纬35°05′、东经118°57′，著名的黄河海港东营港。

北纬35°23′、东经119°33′，以亚欧大陆桥为标志，与陇海铁路接轨的兖石铁路。

北纬37°40′、东经119°05′，滨州以下流路稳定50年的黄河尾闾。

这些圆点、红线与彩条，俱被国家确定为国家标志性地理位置，并以国家意志永久地标定在共和国的版图上。它们像颗颗晶莹璀璨的宝石，镶嵌在蓝色的太平洋西岸，放射着永恒的光芒。它们已与无数圆点、红线和彩条相联结、延伸，构成庞大的血脉经络，使祖国母亲焕发着勃勃生机。

是谁推动了改变山河的创举？是谁赋予了这些地理位置以强大的生命？

——是他，第七届全国人大代表，中国海洋大学教授，著名的海洋工程学家侯国本教授。凭他坚定的辩证唯物史观和渊博的海洋科学知识，解释客观世界；凭他赤诚的民族情怀和浪漫的战略思维，在祖国大地上绘制了一幅波澜壮阔的历史画卷：他周密严谨的科学思维，满怀激情的创新实践，改变了太平洋西岸的地理，丰富了那里的历史内容，为那里的坐标注入新的活力，深刻、广泛、长远地影响着我国的经济建设。人们惊叹的是：他对事物的内部联系把握得那样准确，他对事物的发展看得那样长远，他的社会创新实践是那样的有效，他为我们留下丰厚的物质和精神财富，成就了光辉灿烂的人生，树立起一面清澈的千古明镜。

他一生谨慎，生活俭朴，学风严谨，忧国忧民。他总是身着洗得褪了色的中山装，提着插着地图的褐色布兜，奔波在黄河母亲的身旁，好像从未离开过；他总是把问题留给自己，把成果献给民族，而从未计较过得失。

他一生思维敏捷，浪漫而务实，善于把握事物的本质，发挥优势，他思绪中诗情画意般的辉煌远景，切实可行，让人倍受鼓舞，奋发向上。

近半个世纪，他的多项充满激情的创新方案被国家采纳，他的创新是晨歌，是朝霞，洋溢着赤诚的民族感情，是在一张白纸上绘出的辉煌。

他主编了《日照港群》，"日照港可建深水大港的建议"被国家采纳。侯教授满怀信心地做了这样的判断，日照港群必然是交通、港口贸易的枢纽，日照市必然是国际港口贸易城市，并满怀激情的期望："日照要成为国际港口贸易城市，要以港口群做依托，依托岚山港的国际航运船舶基地、石油化工基地、修造船基地，同时也要依托岚山、日照、丝山之间长100余公里海岸线，建设旅游区、度假区、疗养区、第三产业的经济服务区及国际商业会议中心。"

他主编了《治黄河论》。侯教授在1980～1996年期间，全面考察了黄河三角洲，对黄河口流路和在乌巢区筑港作了深入的研究。这期间，每年沿黄河两岸山东段考察一次，每两至三年考察黄河山东段、河南段、陕西段一次，特别着重于游荡性河道的调查，认为黄河下游发生了悬河，而且在陕西渭河也发生了游荡性河道及地上悬河。他正确阐述了黄河与海洋的关系，认为黄河形成游荡河道及地上悬河的主要原因是河床比降不足，提出"挖沙降河"、提高河床比降，并实施水土保持的生物工程等措施。他继承传统治黄方略中"疏"与"导"的精华，旗帜鲜明地提出黄河的"水"与"沙"都是宝贵资源，并合理有效利用黄河自身的运行规律，有计划、有组织地安排水与沙的去处。

在他与侍茂崇等合作编写的《东营港》中，他突破了在黄河三角洲建港的中外理论禁区，填补了黄河史的空白，丰富了黄河发展史的内容，完善了河海建港的理论。正是由于他的无潮区可以建港，才改变了母亲河"有河无航"和黄河三角洲"有海无港"的历史，赢得社会各界的喝彩。中共中央政治局原委员、山东省委书记姜春云题写书名，彭真、梁步庭、苏毅然、李晔为该书题字作序。该书由海洋出版社出版发行，被誉为"既是一本专著，也是一个名港"。

他主编了《胶州湾港口功能》。他从天文、地理与社会的角度，以翔实的材料，如数家珍般全面论述了胶州湾的资源条件，突出沧口水道得天独厚的经济地理优势：① 现在的青岛大港作为沧口水道第一水陆交通枢纽已有百年的历史，拟规划顺序开发四方、沙岭庄、沧口、娄山、女姑口等地交通枢纽，借助这个交通优势，可开辟临港工业，有利于调整青岛市北部产业布局、城建布局，形成青岛市北部水运中枢，同铁路、公路、空港构成水、陆、空三位一体的整体交通枢纽优势地。② 临港工业区，助力距港口10～20千米的即墨、平度、莱西、胶州的经济腾飞。同时，可将距青岛港更远的济南、淄博、潍坊等城市吸引过来，借助青岛港为中心发展为临海工业城市，促进整个山东的经济腾飞，强化青岛的"龙头"态势。③ 顺序开发出的这几个水陆交通枢纽，每个占用海岸线长2～3千米，可以容纳城市人口100万左右。沧口水道全部开发后青岛市可以容纳500万～600万定居人口，并可以容纳每天30万～50万流动人口，这是青岛市发展成国际著名城市的基础条件。这就理顺了胶州湾与青岛市的关系，深化了青岛未来发展的主题。他在书中满腔热情地提出国际航运中心的构想，描绘了青岛港灿烂的明天。这本书后来成了胶州湾规划建设的重要依据。

他主张"先规划，后立法，再开发"，由于他积极地参与和有效地推动，促成了"胶州湾及其邻近海岸带功能区划"的立法，为环境保护、可持续发展和资源优化配置赋予了深刻的内涵，有效地保护了胶州湾那片蓝色的海面，让胶州湾永远为青岛的发展提供丰富资源。

他对人们一味地填海感到不安，他指出，无度地围填海工程是胶州湾缩小的决定性因素。据不完全统计，仅2002年以来，青岛市各级政府在胶州湾内就审批了近20个用海项目，填海面积达16平方千米。环胶州湾高速公路附近较大的填海工程就有两处，围海面积分别达4000亩和1500亩。原来的一些海中孤岛，因填海成为陆连岛。

他对人们将黄岛以西的海面填平表示了极大的关注，他认为胶州湾水域本来是旋转流，即海水潮流从团岛入湾，经黄岛西的海面旋转出湾，一是将漂浮物带走，二是海水进行环境交换，这对胶州湾是至关重要的，然而，黄岛以西的海面一堵，使胶州湾失去了这个海洋动力条件，胶州湾由旋转流变为往复流，从此胶州湾变成一湾死水。每每想到这，侯教授都为自己未能阻止得住而心情格外沉重。

为了保护胶州湾的环境和港口功能，他付出了巨大的努力，简直到了奋不顾身的地步。在那场旷日持久"桥隧之争"中，他挺身而出，不畏权势，始终恪守保住沧口水道优良港址不被破坏这一底线，并以自己的实际行动，进行了艰苦的斗争。经过20多年的论证，最后终于通过以保住沧口水道为标志的"南隧北桥"规划方案。

他走得那样安详，那样平静，那样圆满。

2007年2月，就在他走的前几天，日照港年吞吐量突破亿吨，跃为全国十大港之一。在建港20年大庆之际，日照港领导派代表，代表日照港全体职工看望老人家，并向行动不便的侯教授颁发了奖章与证书，侯教授听着日照港的发展以及日照市的变化，激动得流下喜悦的热泪，沉浸在无比的幸福之中。

侯国本教授走完了他饱经风霜的一生。人们不愿相信这一现实，仿佛又听到他在讲堂上诲人不倦的声音，看到他着褪了色的中山装，提插着一卷地图的褐色布兜，为民族复兴，建设和谐社会奔波在祖国的大地上。

侯教授，一面清澈的明镜，永照千秋！

2007年11月于青岛

（子敬，青岛正利电力装备有限公司董事长）

二、子女怀念文章

人间随处有乘除

侯永庭

一、争议伴随一生

父亲去世十多年了，但仍有许多人时常会谈论父亲在科技界的魅力，他以敢吼天下第一声闻名，他提出的几项重大的工程改变了人们传统的思维，却受到权威的反对，在这传统与创新的争论中，父亲在争议中坚持，直到时间证明科学真理的胜利。真是"敢吼天下第一声，备受争议伴一生"。

1. 农村为什么穷？根子在教育。

我们在整理父亲的遗物时，全部积蓄只有1.2万元。父亲自退休后，近十几年一直在资助几个贫困学生读书，家里的小保姆也是他重点助学的对象。他经常对我说："你们像小保姆这样年纪都在读大学，受到良好的教育，她们为什么不能得到起码的教育呢？农村为什么穷，根子还在教育呀！你们兄弟姐妹都有很体面的工作，收入也很高，也应当帮帮她们！"在父亲的影响下，我们也加入了扶贫助学的行列。家里先后有4位小保姆通过父亲的联系上了技校，现在都参加了工作，有的还在青岛报上户口，我们也先后为临邑、云南、济宁的希望小学捐款。微山湖一个受助学生毕业后在希望小学任小学教师，有一年过年来看父亲，父亲高兴地拉着她的手说："你都当老师了，这比我培养个研究生还值钱。"

2. 科学真理是时间的孩子，不是权威的孩子！

有一位记者，以《三吼天下第一声》为题，在报纸上刊登关于父亲不唯上、不唯书追求科学真理的长篇报告文学，在我国引起广泛的关注。这篇文章后来评为全国好新闻一等奖。

"第一吼声"指的是他（1978年）在第一届全国科学大会上提议在一个百户人家的小渔村石臼所可建10亿吨级的深水大港。费孝通副委员长对父亲讲："侯先生，你了不起，在地图上把日照一个小点变成一个圈。"时任国务院副总理李鹏题词"日照东岸巨港出"。

"第二吼声"指的是治理黄河要改变2000多年来"高筑坝、宽修堤"的束水传统思路。父亲提出"治河要疏，大河之治，始于河口，挖沙降河，根据追溯反冲原理，利用洪峰水造平原大水库，确保胜利油田稳产，稳定黄河流路100年"这一创新思路。

"第三吼声"指的是在东营海岸的无潮区建设黄河海港。时任胜利油田总指挥、山东省副省长李晔回信："侯教授你这篇豪情满怀、富有战略创见的精彩论文，我读后深受鼓舞，人间最难能可贵的是吼出天下第一声，将来一旦实现这一宏愿，那我们也无愧于华夏后代，炎黄子孙了！"

我们做儿女的时常劝阻父亲，年纪大了，都退休了，不要再坚持，得罪不少权威、得罪领导。但父亲坚持"君子学以聚之，问以辩之"的原则对我说："科学真理是时间的孩子，不是权威的孩子。"他还说："科学真理是一口大钟，你敲打得越厉害，它发出的声音越大。"

3. 桥啊！桥！

20世纪80年代，要在青岛到黄岛之间的胶州湾口建跨海大桥，父亲知道后非常担心，因为青岛是以港兴市，港兴市荣。如果在进湾口建桥，航道受限等于把胶州湾的港口功能废了，他不顾年事已高，三次上书国务院，三次改变了国家发改委的批复。

第一次上书，呼吁：胶州湾要先立法、再规划、后开发！

第二次上书，反对以大桥为名搞形象工程，胶州湾保护重于开发。

第三次上书，胶州湾沧口水道是黄金水道，要为子孙后代着想。

父亲看到国家发改委三次变更批复最终定位北桥位方案，避开了沧口水道，给港口开发留有余地，拍手称好，他说这是科学的胜利，也体现了政府民主决策的威力，对子孙后代也有了交代。

我当时在市政府任职，时常听到一些声音，青黄跨海大桥就是因为侯国本反对才推迟20年，有人建议，今后召开有关青黄通道论证会不要邀请侯国本参加，消息对他要封锁。我听到这些风言风语，对父亲说："爸，您都退休多年了，市里的事您就别再操心了，有时间出国玩玩多好！"父亲一听就上火，他说："是怕影响你的进步吧！我知道你在政府官不小，但是这是胶州湾，青岛的母亲湾，在湾口建大桥就是在母亲脖子上枷锁链，你们是父母官，能对得起子孙后代吗？"他又说："我不反对建桥，我是反对在湾口建桥，那样，胶州湾的港口布局怎么办？湾口通道可以用隧道解决，桥可以后移，也能解决青黄相接问题，我就不明白政府为什么非要搞形象工程，搞面子工程干什么？"他还说："什么是好的规划？一百年回头看对环境无破坏就是好的规划！"

争议归争议，再次证明父亲坚持是正确的，时间才是最好的评委。

4. 胶州湾是青岛人的福气。

2006年金秋，父亲突然提出要到团岛海边看看，这时他的右半身已全部瘫痪，不能站立，只能坐轮椅。他指着薛家岛说："隧道修好了，只要五六分钟就过海了。"他对我们说："青岛人真有福气，因为有胶州湾，过去靠湾吃鱼虾，现在靠湾兴市，有了胶州湾才可能有青岛港，有了港才有市，胶州湾这是个天然的聚宝盆，可以建10亿吨级的大港，青岛未来就看港了。"

天气晚了，又有点凉意，我们劝爸爸回家吧！他望着蓝色的大海，海面上巨轮来往穿梭，晚霞染红了前湾港的高大塔吊，他长叹一声"桥啊！桥"。不知他是庆幸还是担忧！

二、传奇精彩的一生

1. 治理黄河新理论：挖沙降河，稳定流路100年。

1984年，《瞭望》周刊报道了父亲治理黄河新理论："大河之治，始于河口，黄河不仅要束，重要的是要疏。根据追溯反冲原理，在河口挖沙降河，开通入海口的拦门沙，追溯后推，将河床降下来，稳定入海流路100年，保证胜利油田稳产高产。"这一消息在海外华人引起强烈反响。为拯救母亲河激起华人的爱国热情，无数封支持信飞向海大。

1984年2月13日，时任总书记胡耀邦同志视察胜利油田，油田总指挥李晔书记推荐侯国本汇报"挖沙降河"研究成果。父亲向胡总书记、余秋里副总理汇报了利用黄河洪水期的水动力，引洪放水攻沙，建人造平原大水库，沉沙造田，蓄水解决胜利油田之需，同时利用黄河泥沙新造地发展农业。胡总书记听后欣然挥笔题词"地下油洲，地上绿洲"。

1984年4月8日，国务院主要领导视察胜利油田，见面就说："您就是侯国本教授？久仰！久仰！"父亲详细地汇报了"挖沙降河，平原大水库"的研究成果，他整整细心听了一个半小时的汇报，在座的康世恩副总理及石油部、省政府领导一致认为这项研究很有价值。最后，国务院主要领导对康世恩说："黄河三角洲的开发要考虑侯教授的意见，深挖河、高筑田。"

1990年，国家举行黄河三角洲开发会议。父亲在会上作了《黄河三角洲的过去、现在和未来》的演讲，这一观点得到与会代表的认同。

有位记者，撰写了一篇报道，标题是《科学与政治联姻》。大意是，侯国本教授之所以能"敢吼天下第一声"，是因为有党和政府的支持。一项大胆的科学试验，特别是打破常规的一些课题，不仅要有人承担经济风险，更重要的是决策者要敢于承担政治风险。魄力与科学、经济与政治、博弈与决策其考量的落脚点是对人民、对国家是否有利。

父亲在最后的日子，对来看望他的学生说："一个知识分子，能得到党和政府的信任是一生之幸。"

父亲去世后，生前好友，他的学生，来电来人悼念。

好友刘学政发来唁电：一生治学严与谨，坦荡磊落声名成；心底无私不唯上，敢吼天下第一声；斯人仙逝世人泣，伴海伴港伴人生。

日照港的唁电：斯人已去，海港泣颂；长歌当哭，如哉何疼；清风一生，言为心声；不求名利，只作学功；力排众议，刚直方正；全举石臼，一吼天声；亿吨大港，上市锣声；人民教授，永活心中。

2. 让人民惦记的人是伟大的人。

2006年11月，日照港迎来了建港20周年大庆，邀请父亲出席庆典，但是父亲此时已半瘫在床，不能应邀出席。当他知道日照港当年已突破1亿吨大关，跃为中国第九大港，日照港股票已在上交所上市时，高兴地说："日照港还有潜力。"

在我们家非常有趣的事情还体现在我们这个教育世家里。父亲、我和第三代侯芸、侯雪都是从九中（礼贤中学）毕业的，三代人是九中校友。侯芸曾任青岛九中副校长，现为九中党委副书记，父亲是九中校友会名誉会长，我是九中校友会副秘书长。

父亲曾在交大任教，我和儿子侯波也都毕业于交大，祖孙三代交大校友。

我大弟永海教授和他女儿侯迎都是中国海洋大学毕业并留校任教，祖孙三代海大校友。

三、生命的延续

父亲头衔很多，有许多彩色光环。我认为最有价值的是全国人民代表大会代表这一称呼！

父亲是一个忠诚的、严谨的捍卫海洋环境坚强战士，他时常把胶州湾比作青岛城市的母亲湾，因有胶州湾才有青岛港，有港才有市。如有建设项目会破坏胶州湾的自然环境，他会心急火燎。他自知个人的力量单薄，便利用全国人大代表的身份，向更高层次领导反映，自上而下、自下而上呼吁保护海洋自然环境。他说胶州湾的过度开发，无节制地围海造地，金色海岸用钢筋水泥堆砌，葬送了太多的海洋生灵的生命。为了子孙后代人类要善待海洋，还大海一片蔚蓝，还沙滩一片洁净。

父亲走了，我现在才体会到父亲为什么对胶州湾有如此深的感情，一个人大代表的责任，一个科学家的良知，一个捍卫环境不受破坏的战士多么令人敬重。在一些重大项目上，他的观点受到非议也不足为怪了，这更能说明他坚持科学真理的可贵。

父亲走了，但他的生命并没有完结，人们还长久在议论他充满传奇的"敢吼天下第一声"；他不仅将生命的延续寄托给他的儿女、孙子、重孙子，活着的人从他坚持真理的精神世界里丰富了后人的生命；他将自己生命寄托在人们对他的怀念中、对他的记忆里，他的生命加长了，他生时为人类的环保事业抗争，捍卫了自然环境原生态，实质上就是他生命的延续！

记得一位哲人说："人生不是短短的蜡烛，而是一支由我们高擎的火炬，我们一定要把它燃烧得更灿烂，然后交给下一代的人们！"

坚持真理的人是伟大的！

让人民惦记的人是伟大的！

（侯永庭，侯国本长子，研究员）

我的父亲母亲

侯永海

我的父亲侯国本先生，我的母亲宋淑英女士，父母家世代都是农民。父亲说，他们兄妹8人自小都接受乡间教育，唯独他读了20多年书。父亲酷爱读书，他感谢祖父祖母的支持，是读书引导他走出了家门。我的父母养育了5个儿女，不说含辛茹苦，也是20多年节衣缩食，为我们提供了良好的接受教育的机会，子女们在各自的工作岗位都作出了令父母欣慰的不俗表现。现在我们都退休了，每当提及父母的时候，都忍不住热泪盈眶，父母的音容笑貌历历在目。

父亲书房的墙上挂着两幅地图，一幅世界地图，一幅中国地图。中国地图在山东省区域上，他自己画了两个红色的圆圈，还画上小红旗，那就是日照港和东营港的位置。父亲一生倍感自豪的是被誉为山东两个大港的奠基人。两个大港选址的论证和建设，成为山东省南、北两个新的经济增长点，改变了山东乃至国家的发展战略，父亲的贡献在工程界是少有人可与之比拟的，也使他的报国梦披上了传奇色彩。

母亲具有所有母亲的美誉，但我还是觉得她是不同于他人的伟大母亲。母亲的豁达明理、勤劳坚韧、友善大爱、随性好学，是一般人所不及的，用父亲的话说她是家庭的核心，是家庭的支柱。我们5个子女，受父母言传身教，个个大学毕业，事业有成，在邻里传为佳话，也令父母欣慰。父亲晚年一再告诫我们："你们妈妈比我强，没有她就没有咱们家。"在母亲病重的一年多时间里，父亲放下手头工作，谢绝了一切外出活动，守在母亲身边。打吊瓶时，在一旁陪聊；该吃药了，端水送药；行动时也会搀扶跟随。父亲还亲自去买水果，母亲满口假牙，他会把水果打碎或冲水喂食。母亲走后，父亲常常一人默默地坐在书桌前，全家人都无语了，轻轻地走，细声地说，不敢有点动静。二老相濡以沫，相敬如宾，令我们永远怀念和敬佩。

大姐一直说我是幸运儿，是共和国的同龄人。大哥、大姐分别比我大6岁和10岁，他们自高中就开始住校；弟、妹分别比我小5岁和3岁，略显幼稚，唯独我和父母交流较多。读小学时父亲就教我使用三角板、曲线板、比例尺、计算尺、绘图仪，到我工作时还有人没见过比例尺和计算尺。"三年自然灾害"时期，各家都在宿舍前后的空地上种了菜，父亲带着我们种南瓜和茄子；放学后领着我们去捉蚂蚱喂鸡；我们还挖了齐胸深的坑养兔子，坑底砌上砖，怕兔子打洞，当时觉得很好玩。父亲指导我做了一杆秤，帮母亲认真计量粮食不敢超支。记忆深刻的还有，在我小学毕业的那个暑假，父亲找出一大摞书，有《三国演义》《红楼梦》《水浒传》《聊斋志异》《桃花扇》等，叫我假期看完。这可把我吓坏了，那时只想玩，哪能坐下看书，反使我对文言文有些厌恶。

"文革"时期，我下乡接受贫下中农再教育，一去就是10年。后期他出差路过益都时常约我在车站见面，有时是在凌晨。父亲给我带来新版的世界名著、糖果点心；一再嘱咐我好好锻炼身体，抽时间学习，回家时买票不要扒车。

恢复高考后，父亲告诫我："认真复习，考分够了人家就会录取你。"

毕业分配时父亲对辅导员说："只要不到动力室，去哪都行。"动力室是父亲所在工作单位。我结婚时，父亲约法三章：不许用学校的车做婚车；不许请客大吃大喝；不许在院子里贴喜字、放鞭炮。这是父亲做人的准则，我们太了解父亲了，完全理解，坚决照办。

在家中我也是接触父亲工作最多的人。小时候就常去西安交大的水力学实验室，觉得平面水池大厅很大，室外各种水槽很多，知道水利工程要做模型试验。当知青时每次回青都要到动力实验室去看看。那时父亲好像很忙，经常是去叫他回家吃饭。动力室有各种工作，电工、瓦工、木工、模型工和各种记录仪器，平面水池中有堤坝模型和造波机，风浪槽里是堤坝等断面模型，风吹浪起。父亲事必躬亲，每次都看见他和大家一起工作，有时还赤脚站在水里。我非常羡慕在那工作的人，甚至是嫉妒他们。

父亲一直不让子女参与他的工作，直到快80岁了才让我陪他出差。当众介绍我时只说"他也姓侯"。2001年我晋升教授后，说"他是侯教授"。我曾陪父亲考察黄河中下游，从山陕交界的禹门开始，过陕西、河南、山东直到黄河口。凡是他知道的险要、多灾地段必须下车观望，当地水利部门劝阻也没用。我也陪他到淄博、东营考察，到北京等地开会。1998年韩国汉城PACON年会，父亲是理事，终身会员；教育部任命我为组长，父亲是组员，但我没敢给他看。国家海洋局原局长、中国海洋学会原理事长严宏谟也同行出席会议。父亲是国内最早参加PACON组织的，1993年他把年会引在北京召开，并获"海洋服务奖"铜牌。

1991年，动力室做"日照电厂温排水试验"时邀请我负责"潮汐模拟自动控制系统"的设计制作。试验在国内首次使用两块堰板控制两端供水池水量、两块堰板控制模型池两端泄水量，控制系统由4台步进电机和单片机组成。因为只能用开环系统控制，故数据标定耗去大量时间和精力。试验期间父亲一直没有表态，直到试验成功，见面时他才微笑点头。

2002年，我参与完成"注海水自动化检测系统的研究开发"项目，被教育部推荐国家科技进步一等奖。2003年因"非典"取消答辩，大评委采取一票否决制，结果没能晋级。事后得知，科技部修改了终审一票否决制的做法。这次父亲才露出满意的微笑，他认为我成熟了，可以称作教授了。

母亲虽然文化水平不高，但她深明大义，具有大家风范。嫁到侯家以后的10多年间，父亲一直在外求学读书，仅寒暑假匆匆回家小住，特别是大学的5年间，不曾回家。母亲独自生活在那个大家庭里，媳妇要轮流做饭伺候婆婆，即便生儿育女期间活也不少干。尽管母亲再三说祖母待她很好，我总觉得母亲心里一定压抑了万千委屈。这期间母亲生育了大姐、大哥，怀孕期间还要推磨、担水、做饭，临产时父亲也不在眼前，母亲的窘境和艰难是可想而知的。1943年父亲西去求学时，说是征得了祖母和母亲的同意，若是没有母亲的豁达明理、艰辛担当，他的一生不知会是怎样。

父亲参加治淮时，中华人民共和国成立后出生的3个子女同时出麻疹，母亲一人日夜照料。1956年去西安时，父亲因公不能同行，母亲一人带着5个孩子先行。"大跃进"时社区成立哺乳室，母亲义务参与服务，帮助青年教师照看幼儿。青年教师自己忙得三餐不定时，有时晚上10点多才能来接孩子，母亲就自带奶粉、饼干，以防急需。母亲抚养过5个孩子，经验丰富，随时为她们解决许多问题，得到她们的爱戴，至今还有人提起此事眼圈红红。国庆10周年时，西安交大召开庆功会，母亲获得"先进工作者"称号，苏庄校长亲自颁奖。晚上父亲自豪地对我们讲："你们妈妈真厉害，和校长握手，我还没握过呢！"

三年自然灾害时，一家人的吃穿都在母亲的一双手上，那时粮食的定量低，副食品少，布票每人每年仅有2尺，难煞她呀。母亲也学着培养小球藻，树叶煮煮就是叶绿素来增加营养；胡萝卜、茄子、南瓜晒干做成人造肉，包大菜包子，粗粮细做。星期天改善生活包饺子，我去学校把大哥叫回来吃；大姐在南郊财院，由我送过去。全家穿的鞋由母亲亲手做，床单被褥都是浆过再用，衣服都是用一毛钱的染料染过再穿，裤子都是拆开翻新再穿。父亲的料子服都改了给我们过年穿，整个受灾时期我们并没感到特别困难。

母亲知道父亲很忙，默默承担家中一切事务无须父亲操心。每学期5个子女的学杂费和哥姐的生活费需要交60多元钱，家中财权也是由她执掌，母亲都是早早备齐。父亲经常出差，母亲总是仔细打点，换洗衣物、日常用品用包袱包好，父亲也不过问装进提包就走，几十年如此。我家饭点准时，母亲掐算时间，父亲进门即可用餐，绝不耽误时间。父亲一日三餐有一菜一汤专享，小孩不可先食。母亲特制的点心，是专供父亲夜宵用的，是鸡蛋、牛奶、猪油、白糖调面烤制而成，过年时是油炸而成，绝不是市场采买可比的。

至今还有人对我滔滔不绝地描述母亲的友善。青年教师上班时把暖瓶留下，母亲会给他们灌满开水。下班时母亲会帮他们引着蜂窝煤炉子，有时甚至把自己家的炉火都搞灭了。还有临时帮忙看护小孩之类的事，从不拒绝。常有老家人带来农产品，母亲会毫不吝啬地送与邻舍分享，并教导我们给人东西要给好的，这是份情谊，东西浪费是要"伤天理"的。得知青年助教生病了，会叫他们到家里吃饭，甚至住在家里。春节不能回家的，就请到家里热闹。实验室的员工孩子有病，或家有难处，给钱资助，从不催要。改革开放时期，南北来往的青年教师出差到青岛，在自由市场买食材，母亲帮忙做好，再拿回招待所吃。

母亲有大爱，为人处世，有求必应，倾其所有，尽其所能，宁愿委屈自己，也要以最好的东西奉献给他人，邻里都羡慕我们这个家庭。

母亲去世当晚，兄弟三人为母亲守夜，大哥一气呵成《悼念母亲》，表达全家对母亲的无限爱念。

父亲晚年，特别是患脑栓后，常与我们谈及他的人生经历。他的右侧肢体功能受限，用左手写了"我有三个家"：一是哀哀父母，生我劬劳，不可不孝；二是贤妻良母相敬如宾，子女绕膝不可不教；三是人以家为本，家依国而存，国破家何在，为国操劳，鞠躬尽瘁，有职有责。交谈中总是不离教育、经历、机遇、责任、工程、国家这些词。

父亲对国家、对事业忠诚、执着，父亲的言传身教，我辈终身不忘。

（侯永海，侯国本二子，中国海洋大学教授）

我心中的父亲

侯永健

2002年10月，父亲不幸患脑血栓，虽经抢救，无奈右侧肢体还是留下后遗症。父亲对他的右腿失去控制还不是太在意，但对于右胳膊的失控，直接影响右手的写作功能，父亲极为恼火。这意味直接影响写作，影响他今后的工作。

经历3个多月的多种治疗，父亲的病情没有明显的好转。3个月后，父亲也不得不接受这一现实，唯一的治疗方法就是自己加强锻炼。

春节后父亲把我叫到身边，只说了一句话："永健我要走路，我要写字，你想办法，我会配合你。"父亲的脾气我最了解，虽然平日他很少求人，脾气也倔强，与我们也少有配合。但现在既然能说出口，我深信他会竭尽全力，达到他的目的。

其实在此之前，我们兄弟姐妹已经在寻求适合他的健身器具，但所有的体育锻炼器材，对80多岁的老人都不适用。无奈只有自己动手做了。我与二哥协商后，制订了锻炼计划，其实也很简单，就是锻炼手、手臂、腿，加大肢体活动量。

利用休息日，我把一辆自行车解体，将车轮安装在方凳上，在轮圈上装上把手，父亲可以抓住把手转圈，强行活动手与手臂。刚开始，他几乎抓不住把手，需要我们在旁边，踏住凳子稳定它，再帮父亲握住把手，协助他强行转圈。这样，每次只能做到十几圈，他已是大汗淋漓。经过一段时间的锻炼，可以做到300个了，父亲风趣地说，"推磨"是他每天的第一堂必修课。

后来，我又将自行车的脚踏部分，经过改造与椅子配套，可以坐在椅子上踏自行车。刚开始他腿脚都不听支配，只能在脚踏上绑上一只大鞋，将脚放进大鞋托住脚，我们还要在旁边托住腿，辅助他运动。这是一项极为艰苦的锻炼，对常人来讲是太轻松了，但是对父亲来讲，需要付出极大的耐心与毅力。开始时，每踏一圈，腿便掉下来一次，我帮他把腿再搬上去。踏十圈，脚掉下十次，再搬上十次。父亲认定，只要能帮助恢复腿脚的功能，就要坚持下去。父亲坚持要自己将脚搬上脚踏，但他只能用左手往上搬，我们在旁边看着都会掉眼泪。父亲就这样坚持着，一直自己坐到椅子上，自己搬上腿，自己踏。父亲给自己定的目标是每天200圈。踏自行车便成为每天的第二堂必修课。

手和脚的锻炼进入正轨后，父亲又提出练习写字的要求。推磨和踏自行车属于有器械活动，车轮与脚踏可以规范手脚的活动范围，而写字时手与胳膊要有支点还要有自由度。第一天，我在写字台上铺一张报纸，把最粗的记号笔（直径15毫米）握在父亲的手中，轻声对他说："爸爸别着急，咱们从写1、2、3……开始。"他会意地笑了，有认可的意思，也有别小看他的意思。刚开始时，他的右手根本握不住笔，仅靠拇指和食指夹住笔，但手上没有一点劲，笔一点也不听话。半天下来，无法做到写字最基本的横平竖直，"1"与"一"都写不下来。没写好一个"1"，也没写好一个"一"。笔，不知扔了多少次；纸，不知撕了多少张；脾气，不知发了多少次。"1"与"一"还是没有写好。看到这场景谁都会深深地为之感动，父亲的毅力在激励我们，每一个子女都会对自己的儿女说，做人做事都要像爷爷一样。这就是父亲对我们的身教。

一个月后，写字没有进展。此时父亲主动提出要学习用左手写字。80多岁的老人，他渴望写字，那是因为思维和写东西是他一生的乐趣。我私下用左手试着写字，手根本不听话，写出的字连自己也不敢认可，这实际是违背常人的写字习惯的。功夫真是不负有心人，不久奇迹出现了，父亲左手写字比较顺利了，他还十分注重字体的大小和字、行间距，他开始自拟信件的提纲和关键字，他的自信力也开始恢复。

父亲右手右脚的活动都规律化了，我又在房间的墙上安装了滑轮，穿上钢丝绳，两端再装上拉手。父亲开始了力量型的锻炼活动。他抓住拉手，身体后仰，左、右手往返拉动，做手臂力量锻炼，这需要极大的握力和臂力。同时也锻炼脚底的站立功能和腰部力量。四年时间里，钢丝绳拉断3根，可见锻炼的力度。有时他满头大汗、喘着粗气，并且紧闭双眼，那是在努力坚持，外人是很难想象那场景的。钢丝绳第一次被拉断时，几乎惹下大祸，父亲仰面倒下，让我们惊恐不已。以后每隔一段时间，我都会仔细检查钢丝绳，不敢掉以轻心。

随着手、脚、腿的活动，父亲的心态也越来越好。但是随着年龄的增长，身体的恢复是缓慢的。我心里的最大期望是：维持现状，不可下滑。我又购买了踏步器，在墙上安装了二层扶手，便于父亲抓住扶手稳住身体。一层用于踏上踏步器，一层用于进行踏步活动时稳住身体。父亲每天坚持锻炼两次，每次200下。

随着时间的推移，家里凡是父亲要接触到的地方，都配套安装了扶手。走廊的墙上有扶手，卫生间里安装了扶手，床头、床尾都安装了扶手。父亲坚持自己起床，自己走路，自己进卫生间，尽最大可能减少对我们的依靠，坚持自己做自己的事情。

父亲给自己制订了严格的健身计划：

每天早起推磨300圈，踏车200次；

拉滑轮，上午、下午各20次；

上踏步器，上午、下午各200次；

拉扶手下蹲锻炼10次；

每天上午、下午各绕房间3圈（东、西间加走廊长约10多米）；

每天下楼1次。

正是坚持不懈的锻炼，父亲在患病的四年里，身体状况非常稳定。用父亲的话讲：减少对我们的依赖，减轻我们的负担。

父亲严格自己的作息制度，一日三餐准点吃饭。

早上7：30开始锻炼，10：00～11：00读报写笔记。下午1：30开始锻炼，3：00～4：00读报写材料，4：00以后开始走路。

晚上6：00准时看青岛电视新闻，6：30看山东电视新闻，7：00看中央电视新闻，7：30吃药，8：00睡觉。

父亲每天坚持看报：《中国日报》《光明日报》《青岛日报》《黄河报》《政协报》，并且亲自剪报粘贴成册。

父亲坚持根据读报和电视新闻写感想，完全用左手写。前2年每2天会写一篇，后2年每3天写一篇。每篇我都要用电脑打印出来，经他修改后再打印。

父亲几次萌发学电脑打字的想法。周六或周日我休息时，总要和我坐在电脑前学习。他虽英语没有问题，但输入必须用左手敲击键盘，难度真是太大了。加之父亲不会用汉语拼音，而且发音也不准确，这是汉字输入最大的障碍。几经努力，成效较低，实在坚持不下去了，只能放弃。

父亲有几样最心爱的物品：笔、放大镜、剪刀、胶水、痒痒挠和拐杖。

笔是父亲一生中必不可少的工具，用于写作，得病以后完全是左手握笔写作，虽然字写得歪歪扭扭，但那是父亲在用人生最后的力气在写。当年父亲参加全国科学大会时，给我们的礼物就是印有科学大会字样的纪念钢笔，孙子辈考上大学，赠送的礼品都是钢笔。

放大镜是看书、报、资料和信件用的。

剪刀、胶水是父亲晚期用于剪报的工具，每当有经济建设、科技方面的信息资料，好的文章和重大新闻都会剪下来，或去复印传送，或粘贴做剪报。

痒痒挠则完全是手的延伸，痒痒挠的功能不单是挠痒痒，还可以用来钩袜子、钩鞋子、钩衣服、钩报纸……钩一切能钩的物品，这样可以不麻烦别人。

拐杖是走路必不可少的助手，寸步不离。父亲走路极为谨慎，特别是不平坦的路，必须用拐杖探路，确认无疑后，才迈出脚步。高兴时他会提着拐杖走几步，表演给我们看，表示他还有能耐。

父亲最喜欢站的地方是家里的凉台，从凉台可以看到大海，可以看到小鱼山。父亲经常在凉台上静静地站着，抬头看着蓝天大海，看着远方……他在思索……

父亲得病4年多时间里，在清楚了自己的病情以后，乐观地面对人生，坚信自己的生活、生存理念，用坚强的毅力锻炼了4年，与疾病抗争了4年。4年里他写出上百篇文件与信函。每当我们看见父亲用过的遗物，父亲与病魔斗争的身影就会立即展现在眼前。父亲留给我们的是：一个人应如何面对人生，面对生活以及人们生存的意义。

父亲的晚年，我一直紧随他身边，是这段时间使我真正了解了父亲、认识了父亲，使我得到许多人生感悟，这也是他留给我们后辈永远享受不尽的财富。对父亲的敬仰真是难于言表……

父亲已离开我们，但他的思想，他面对人生的理念永远留在我们的心中。

敬爱的父亲，您安息吧！

（侯永健，侯国本三子，工程师）

回忆我的父亲

侯剑秋

家父离开我们已经一年了，回忆和父亲相随的68年人生，感慨万分。

年少时，父亲独自外出求学。中华人民共和国成立后，父亲把所有精力倾注到教学上，他刻苦钻研，努力学习俄语，很快便能翻译资料；他要求进步，积极参加政治活动，担任工会组长；他积极参加水利工程建设，长年在水利工地奔波；他为治理黄河，为日照港、东营港的建设，倾尽一个知识分子的科学态度和赤子之心。父亲长年累月地工作，没有节假日，他对待事业的态度我们是看在眼里，记在心里，学到行动上，我们兄弟姐妹都万分崇敬自己的父亲。

父亲对待家庭，对待生活，少有要求。但每到关键时刻，他都顾及家庭，真正地体会到父亲就是全家的精神支柱和行动指南。

一、团聚

父亲年轻时一直在外面求学，高小、初中、高中、大学都是只身在外。我和大弟都在老家出生长大，母亲含辛茹苦，扶老携幼，生活重担一人挑。1947年，父亲大学毕业，分配在南京工作。1948年7月，父亲来到青岛，将我的祖母、母亲、弟弟和我4人从家乡接出来。父亲从一个单身汉，变成了5口家之主。当时物价飞涨，他的一份工资，根本无法养活全家。所以，父亲就在一个中学兼职，晚上还要给报社誊稿件，操劳程度可想而知。那时我刚9岁，还没正式上过学，尽管生活艰难，父亲还是送我和弟弟去上学。在很短的时间父亲安排好了一切，这是我们全家第一次大团聚。祖母见到久别多年的父亲，听到一家人的欢笑，满意地笑了；母亲的心情无法表白，激动地哭了；我和弟弟终于见到了自己的爸爸，很快能上学读书了。全家亲情、笑语满堂。第二年我的二弟永海出生，此后，妹妹、三弟相继出生。我们姐弟五个中，只有二弟幸运地让父亲见证了儿子出生的喜悦。我的三弟、妹妹虽然出生在青岛，但因父亲都是在水利工地上，由我接送妈妈上的医院。60多年来，父亲大概三分之二的时间是在实验室、大海上、水库上、大河的水利工地上度过，全家聚少离多。

记得1950年，毛泽东发出"一定要把淮河修好"的号召，父亲是学水利的，奔赴前线是首当其冲。我那时只有12岁，只读过3年书，淮河在什么地方都不知道，家中的生活采购全靠我了。走前父亲领着我到山东大学工学院的财务科见过会计，以后每月我去领工资。父亲走后，每换一个地方就给家里来封信报平安，信中夹着一个写好地址、贴好邮票的信封，这样我就可以给他回信，报告家中的情况。1953年底父亲因事提前返校，行李由同事帮忙寄回家。我们收到一个很大麻袋，打开一看全是资料、书和穿过的十几双破布鞋。唯一的好东西就是一个小红盒子，里面装着由毛主席题字的"一定要把淮河修好"的纪念章。奶奶和母亲翻看那十几双鞋底、鞋帮都磨破的布鞋，早已泪流满面了。穿破这么多布鞋，要走多少路，干多少活。自此以后我改变了对父亲的看法，他不只是绷紧着脸，令人惧怕的父亲，还是能够战胜种种困难为国家作出贡献的人。其间父亲一走三年，回来连一次团圆饭也没有吃就又走了。

回想起来，1948年夏天的团聚使我终生难忘。

二、度过困难时期

上了年纪的人，都经历了难忘的国家困难时期。这是20世纪50年代末60年代初的五六年间。人们的生活品供应基本上无法保障，而且物价上涨，靠工资生活的人养家糊口都很困难。我们家7口人，全靠父亲一个人的工资生活，根本吃不饱。父亲在这几年体重很快地由一百五六十斤瘦成百十斤了，人们见了他都不敢认了。翻开那段历史，那是我国和苏联关系十分紧张的时候，父亲当时是三门峡水库专家组成员，又在学校承担三门峡水库试验工作，他基本上是在三门峡水库和西安实验室两头跑。

当时家里的困难，主要是孩子们吃不饱，只靠父母省出来的几口粮食无法维持。不仅父母都得了浮肿病，我的弟妹们都瘦得无力到院子里玩。父母商量着开荒种田，补充食物。说干就干。我们在楼下院子里、树底下、路边旁开荒了，如此行动引得院里有劳力的家庭都出来参与。当时西安动力学院搬迁还没有结束，院子也没有规划，空地很多，大家便商量着划地分片，每户一份。我家劳力多，很快就整理好，先种菜后种粮，每年下来总有几十斤粮和一些蔬菜的收获。父亲还在他的实验室的窗户外，种上南瓜、茄子，由于少时间打理，收获不多。但那年月，有一点是一点。在这艰难的岁月里，使我感到家里只要有了父亲，天大的困难也不怕！

1963年春，在我国经济困难的时期，苏联背信弃义，突然撤走专家，他们带走三门峡水库的全部资料、图纸和各种数据，带不走的立即在实验室里烧毁。当父亲从三门峡水库返回实验室的时候，早已人去楼空，撤走了警卫，实验室一片狼藉，除了实验室水池里大量烧了的纸灰，一无所有。父亲见状一下子坐在地上起不来了。7年来，父亲为之倾尽心血的事业，就这样化为乌有，第二天早晨回到家里的时候，他已是满头白发。由于我国政府对苏联专家过于信任，对一些技术性的规定过于迁就。如对实验室的进出，必须由苏联专家同意，图纸资料柜子的钥匙，由苏联专家控制，开会不允许作记录，工作日志不能拿出室外等等。中国人在自己的土地上搞建设，中国人不能做主，说是为了保密，实际上是为了控制。父亲是一个有心人，他想如果苏联专家走了，我们自己还是不能控制水库，所以每天晚上，他都做好追记，几年下来做了三四万字的笔记，凭着这些资料协助工程进展，得到党和政府的高度赞扬（三门峡水库实际上没有按原计划完工，苏联原合同供给的大型设备也仅到货一小部分，最后靠中国专家的力量建设成现在的规模）。

在西安的七八年间，伴随着的是经济困难时期，但父亲整个心血都倾注在三门峡水库上，由于苏联专家的背信弃义，断送了工程。这件事给中国经济造成巨大损失，自力更生的口号在全国喊起，要靠中国人的力量，治理好自己的黄河。从此父亲就和治理黄河结缘。尽管当时在反"右倾"的政治斗争中受了些委屈，但这与治好黄河的大事相比，又算得了什么呢？父亲尽其一生的精力，抓住一切机会宣传治黄的重要性，研究治黄的方法。七八十岁高龄时，还从黄河的入海口山东东营开始，向上游沿河调查。路过陕西潼关，看到悬河对陕西的影响，走过渭河流域看到三门峡水库倒灌对陕西八百里秦川造成的破坏，他忧心忡忡地上书陕西省政府，呼吁省领导重视。陕西省政府在1989年5月初召开有关会议，请父亲就渭河治理专题发表意见，父亲从六个方面作了精辟的演讲，反响强烈！

父亲战胜困难的精神令人敬佩！

三、一封家书

小时候，父亲常年出差在外，大概因为我们年纪小，我们定时写信汇报家里情况。而父亲的回信，一般不会超过10个字"我很好，勿念，侯国本"。数年以后我和大弟大学毕业，在西北工作，按时向父母写信报平安，父亲知道我们很好，也从不回信。

后来我要求入党，因为家里的一些情况我一直不知道，非常困惑。一是中华人民共和国成立前伯父被抓丁去台，一是母亲"文革"中被诬陷。这些事情我无法相信，考虑再三，鼓足勇气给父亲写信求助。事隔两个月在没有收到回信的情况下又写了一封，终于盼来了回信。这是我有生之年第一次收到父亲这样的长信，也是我们姐弟5人，收到的唯一一封厚重的家书。

焦急和激动促使我打开信看了起来，看着看着我的两眼模糊，满面是泪，最后泣不成声，读了两遍，心情还无法平静。

父亲的回信，写了满满的8页信纸，另加一份简历，粗略地数了一下，有3800字以上。内容涉及对我要求进步的肯定，并给以鼓励；叙说了他自己对党的政策的认识；历次政治运动中他都如实汇报的家庭情况，以及运动的结论；叙述了一个知识分子真诚报国，抓住机遇为国家做事并取得的成就；叙说了组织上对他的信任，让他大胆工作，勇挑科研重担的情况。表达了今后几十年要做四件大事，力争为国家作贡献的态度。我看了很感动，但也开始后怕。我开始怀疑我的信，是否措辞激烈。父亲的工作那么忙，写这样长的信，看样子是一口气写下来的，字迹清楚，书面整齐，基本没有改动，说不定写了一整夜。我把父亲气病了怎么办？哪有子女逼父亲表态的，我后悔了！我不敢把这件事告诉母亲，也不敢告诉弟弟妹妹，我知道我辜负了父母对我的信任和爱护，如同闯了大祸一样，把书信埋在心底。

父亲走了一年，再拿出那封放了几十年的家书，再认真地读起来，我感到亲切极了，如同父亲生病期间，让我拿出小板凳坐在他的身边，听他讲年轻时求学的故事，声音还是那么洪亮、那么风趣生动。我忽然庆幸我当年的鲁莽行为，让父亲给我们留下书面的谆谆教导，这是给我们全家留下的精神财富，我急忙通过电波告诉我的弟妹们。

看着几十年前的那封信，我感到父亲真的没有生气，他看到女儿要求进步，他非常高兴并给予鼓励。父亲是认真的，负责任的，表达了一个知识分子对党、对国家、对人民的真情态度。

信一开始父亲告诉我："我刚从工地回来，看到你来了两封信，知道你迫切地需要回答，所以给以回信。"信中说："你要求进步，全家都感到高兴，这是党教育知识青年的胜利……你所要了解的问题，我可尽我所知告诉你，但你要信任组织，组织是会弄清楚的，因为共产党是实事求是的……一个人的家庭出身是不能选择的，但是走什么路是可以自己选择的，要相信党的政策是重在表现……阶级是社会性的，是客观存在的，是洗不掉的，但人是社会的动物，是可以改造的，所以不应背着包袱阻止自己进步，要提高认识，从思想上解决问题。"

父亲告诉我，由于多次参与重大的水利建设和国防建设，保密性强，主动要求组织把他的家庭调查清楚。组织上告诉他："你没有问题，大胆的工作吧。"至于母亲的事，"我会通过组织手续去弄清这个问题。现阶段暂持保留态度"。

在谈到他的政治态度时，非常明确果断，在他参与考察西沙、南沙群岛后，得知我国钻出了石油，他兴奋地说："我看到了国家经济发展的希望，我要为国家的科学发展贡献力量。"信中写道："我想我能在今后的20年内（除非我发生了意外的事）在海洋开发事业中作出以下贡献：在生产建设方面赶上形势，采用先进技术；在试验基地方面，建成一个完成的海洋科学研究基地；要培养青年科学工作者，勇攀高峰。"

几十年来，父亲按照他自己指出来的奋斗目标，踏踏实实地，一步一个脚印地实践着。他建议的日照港、东营港都在发挥着巨大的作用。黄河口，他所建议的挖沙降河、阻挡洪水，也造福了黄河三角洲地区。

回头看这几十年来，父亲以坚定的信心，坚强的毅力，创造了自己辉煌的一生。给我们留下了用之不尽的精神财富。

敬爱的父亲，我们想念您。

（侯剑秋，侯国本长女，高级经济师）　　·225·

父爱无声

侯剑玉

我最敬仰，最崇拜的父亲离开我们已经一周年了。

往事不堪回首，却也历历在目，在我们子女的眼中，父亲是一个严谨治学的科学家，一生为国家乃至世界上的水利工程作出了不可磨灭的贡献。我的父亲胸中容纳的是祖国的江河湖海：黄河、长江、海洋、口岸……然而由于父亲敢说真说，刚正不阿，不畏世俗的性格，他的传奇人生也令人敬佩。

父亲，在我眼中，是一位严父。他的品格，他的教诲，他对农村百姓疾苦的关注，在我的人生旅途中，始终浮现在脑海里，并成了我事业上的精神支持！

一、走过转折

1964年，我们一家随父亲工作调动，从西安回到了阔别8年的青岛。不久，史无前例的"文化大革命"开始了，工厂停产，学校停课，派性斗争，经济萧条，在那艰难的岁月里再也没看到父亲笑容。校园里不断传来某某被批斗、某某被打倒的信息，不时还传来昔日的同事好友上吊自杀的噩耗。忧国忧民忧己，父亲的脸上阴云笼罩。那时，我们年幼的心灵中充满恐惧，小小年纪行事变得谨小慎微。爸爸那时在我心中是个很严肃的人。

1968年，是我人生难忘的转折点，也改变了父亲在我心中的形象。当时上山下乡的热潮席卷全国，城市、学校、街道处处在动员"知识青年上山下乡"。那时我刚上初一，学校开过动员大会后，我作为班长毫不犹豫地报了名。年轻人的激情冲动，犹如出征的将士，热血沸腾。回到家后，却不敢张口提出。我知道尽管爸爸威严，但是最疼爱我的，他不会同意我远行。慈祥的妈妈更是舍不得不到16岁的女孩子，离开家去农村。因是第一批报名者，学校的老师、同学都到家里道别送行。打那以后，妈妈始终眼含泪水，看见妈妈难过的样子，我的心都碎了。那天中午，爸爸回家吃饭，一直没有言语。拉着我的小手在脸盆里给我洗手，打上肥皂仔细地搓洗，虽然不说一句话，而我分明感到爸爸的手在颤抖，我低着头不敢看爸爸。吃饭时，他把妈妈留给他的仅有的一点肉，全部挑到我碗里。要知道60年代所有的食品都是凭票供应，那时爸爸还有科研任务，妈妈从来舍得不吃肉，都是单独给爸爸留着。此时我再也控制不住泪水，跑到外面放声大哭。我明白爸爸对我的爱，不用语言，而是行动。在离开家之前，妈妈为我整理行装，爸爸在我的柳条箱里放上了一本《唐诗三百首》和一本小英文词典。在他老人家转身的那一刻，我看见了爸爸眼里含着的泪珠。这本唐诗和辞典在我以后的几年农村生涯中，陪伴我度过了艰苦的岁月，成了我的精神食粮。许多年后，提起分别之事，妈妈说，那是她看见爸爸第一次掉泪。

事后得知，在我报名下乡后，父亲到市府接待站询问，未满16岁的孩子是否可以晚两年再下。得到的回答是："响应毛主席号召，我们不能阻拦。"父亲有泪不轻弹，只是未到伤心处。他把对子女的关心深埋在心里，在那个动荡的年代，面对困难的处境，在我人生的转折点，没有嘱咐，但却是大爱如山。

二、人要有骨气

父亲常对我们说的一句话是："人要有骨气，要有志气。"父亲言传身教，我们耳濡目染，受用终身。

在农村接受再教育，对于我们这些不谙世事的十六七岁中学生来说，不是件容易的事。现在这个年龄的孩子还在父母身边撒娇，而我们已在农村从事繁重的体力劳动。艰苦的生活条件，想家时的难熬滋味。岁月蹉跎，早已把我们这些学生的娇娇气，磨炼得荡然无存。我所在的生产队由于缺少劳力，我们这些学生就是整劳力了，我学会了全套农活。原先幼嫩的小手，已磨出几层老茧；稚嫩的肩膀去了几层皮。许多知青都受不了苦，没多久跑回了青岛。每当这时，父亲来信："人要有骨气，要有志气。"既然选择了这条路，就要坚持下去，父亲的嘱咐时刻激励着我。在下乡的几年中，我从未缺过工，事事走在前面，而且与社员一起建立了科学试验田，研制出优良品种，得到上级领导和贫下中农的一致好评，并且多次参加县知青表彰大会。

1969年，离开家的第一个春节是与贫下中农一起度过的革命化的春节。节后我领到了第一笔工分钱89.3元，虽然数目不大，要知道我们12名知青一年的劳动，扣去粮草，唯独我挣到了工分钱。当我揣着89.3元钱，迫不及待地回到了青岛的家，把钱交给了妈妈。看到我又黑又瘦的样子，妈妈眼泪止不住地往下掉。此时我亲爱的爸爸已离开青岛，随海洋学院的老师一起到日照下放劳动，也去接受再教育了。1978年和1979年，父亲在日照又作出了惊人的创举，以至于惊动了省，惊动了中央。这就是现在的"日照港"，在中国的地图上又增添了一个新型的港口城市。

父亲一生虽然没有华丽的辞藻，而且一辈子的精力全用在了事业上。但他却有不畏艰难、不怕困难的铮铮铁骨，办任何事情，实事求是，不被别人的言语所左右。他不仅自己有骨气，而且影响着我们。"人要有骨气，要有志气"，这句话一直激励着我，成为我战胜困难的精神支柱。

三、人要不断学习，要受教育

父亲一直希望自己的儿女都能受到良好的教育，我们兄弟姐妹五人，也都没有让他老人家失望，在自己的岗位上都有所建树。

大姐、大哥是60年代毕业的大学生，他们承袭了父辈的刻苦努力、奋发向上的精神，都在重要岗位上为国家努力工作。二哥在"文革"中也踏上了上山下乡这条路。1977年恢复高考后，考上现在的中国海洋大学，并成为教授。小弟年龄小，"文化大革命"时还上小学，他是唯一留在父亲身边的子女。看到这些没有学上的孩子，父亲很痛心，又焦急，"祖国的下一代这不成了文盲？人要受教育，要不断学习，没有文化的国家是落后的国家"。响鼓不用重槌敲，小弟找出哥哥姐姐用过的课本，开始自学。学完了初中，又自学完了高中课程，在别的孩子玩耍中，小弟拿到了初中、高中文凭，参加工作后，又考取了电大和上海纺织学院。

在兄妹5人中，我是最无奈的。下乡后，因消息闭塞，文化课基础差，这成了父母心中的痛病，总觉得对我没有尽到父母的责任。但是，父母的教诲，哥哥姐姐的榜样，在我心目中永远激励着。我不甘心一事无成，白天下地干活，晚上在煤油灯下学习初中课本。我反复做练习，背单词，早上起来一看，鼻眼都被油灯熏成黑的。有时出工一天下来，累得倒在炕上一动也不想动，就想睡觉。可是自己规定的每天一节课，决不能落下。爸爸说的对："穷就是穷在教育上，不受教育也就没有文化知识，没有文化就没有建设国家的本领。要改变环境，就要有改变环境的本领。"1971年，是我人生道路的又一个转折点。为补充当地工交系统队伍，大批的知青被分配到工厂企业，我进入了棉纺织厂，各方面条件大大改观。工厂三班倒，有了业余时间。从此，一有空我就抓紧时间学习，先后参加了初中毕业考试、高中毕业证书考试，各科成绩都名列前茅，被评为工交系统学习标兵。20世纪80年代初，单位要求领导班子年轻化、知识化，我被职工民主选举为中层干部，并光荣地加入了中国共产党。在历年的省、市、县操作比武中，我带领本厂操作能手，获得了冠军或亚军。在全省纺织系统中做经验介绍，为诸城棉纺织厂争得荣誉。1984年，我报考了中专，我是诸城唯一一名考入潍坊工业管理干部学校的干部，毕业后走上了领导岗位。随着现代化的要求，企业管理向更深层的方向发展，自己深知所学的这点知识远远不够用。所以，不管工作多忙，我必定抽出时间刻苦学习。每天把孩子安置睡了，挑灯夜战，学专业知识。早晨5点起来，在阳台上背单词、学语法。功夫不负有心人，我先后取得了电大英语毕业证书，拿到了青岛纺织学院的纺织班大专毕业证书，获得函授本科学历，走出了没文化的沼泽地。

回顾离家40年的经历，酸甜苦辣，尽在不言中。离开家的40年也是我人生奋斗的40年。虽然没有留在父母身边，享受天伦之乐，但是父母的谆谆教诲，是我受用一辈子的无价之宝。父亲虽已离去，虽没有给子女留下什么经济财富，但是他的精神，他的骨气，他的忧国忧民的品德，将永远伴随着子女，堂堂正正地做人。

我为生长在这个家庭而自豪！

我为有这样一个父亲而骄傲！

（侯剑玉，侯国本次女，管理师）

风中之烛

侯　芸

这个冬天，我的父辈们都很忙碌。天南海北的电话，Email来Email去——为纪念我的祖父侯国本先生的书稿而忙碌。那种忘我的忙碌，既肃穆又充满感情，让我心疼。

我知道，那是一种情愫，一种想念，一种缅怀，一种不舍。

祖父去世将近一年了，家里的每个人都以自己的方式在怀念他。于我，时至今日，依然经常会有祖父未曾远离的幻觉。

此去经年，不仅未曾忘却，而是时时想起。

现在我坐在灯下，撷取一些零星的记忆，编织成一个素雅的花环，放在祖父的灵前，希望能够静静地陪伴他——这位影响我一生的老人。

作为长孙女，其实是有一些特权的。比如，可以在夏天陪着他去洗海澡或者在秋天的时候陪他打网球。这两样运动，深得祖父喜爱。从年轻到花甲，始终很热衷。而且，这两样运动，祖父都"玩得很转"。论游泳，他会好几种泳姿；论网球，在他那个年龄组，又常常是常胜将军。祖父还有一个爱好，就是打桥牌，可惜的是，常常苦恼没有对手。有一件小事，一直记得。还在学童时，曾被祖父带去游泳。因为祖父有走路思考问题的习惯，所以，到了海边，祖父顾自游远了，忘了我这个小不点。所以，当日，我不仅呛了水，还走丢了人。直到晚上回家，祖父也没有发现把我弄丢了，幸运的是，祖父的学生捡到了我。从此，祖母再也不让他单独带我出门。顺便提一句，走路想问题，吃饭看书，坐车记单词，可以说是住在鱼山支路18号院里每个科学家的专利。所以，读《卓越的科学家竺可桢》的时候，作者说竺可桢走路碰到了电线杆，我觉得一点也不稀奇。

学生时代的我，对于祖父，充满了畏惧。在家里，永远不可以边学习边听歌。倘若谁这样做了，那简直是在自找苦吃。每到学习的时候，在老侯家，成绩永远是最好的说明书。哪个孩子学习好，祖父会在吃饭的时候，亲自给他夹菜。否则，祖父就会很明显地给他脸色看。常听父辈说，在他们小时候，如果成绩不好，祖父是要惩戒的。而对我们孙辈，犯了同样的错误，他从来不说重话，只是铁青了脸，满脸的不屑，这就让我等更难受了。只好拼着命苦读，巴巴地等着他绽放笑脸，巴不得能立刻拿出几个百分来，好去祖父面前炫耀。于是，几个兄弟姐妹心照不宣地都学会了：在祖父快要进家门的时候，开始大声地朗读，或者把英语的录音放到最响。每到这个时候，祖父就会很满足地走开。当晚，这个孩子就会理直气壮地接受祖父慈爱的那一筷子菜了。也正因为此，到现在，我也做不到一心二用，一边学习或者工作，一边听着音乐，再美的音乐我都觉得那是一种聒噪。

工作以后，因为同是礼贤的校友，又当了老师，加上祖父也至暮年，祖孙俩亲昵了许多。祖父对我说的最多的话，就是"不要误人子弟"。或者说，这些年，每次见面，他都会说这句话。祖父的思维清晰敏捷，尽管很少出门，对天下大事，他都了如指掌，他的学识和经验，以及敏锐的前瞻性，又有极强的记忆力和很深刻的洞察力，使得和祖父的交流成为一种获取信息和分享学习的享受。因为祖父的文学功底非常了不得，经常会出一些句子让我来对，也让我感到头疼不已。这是我和祖父之间经常做的一个小游戏。如果我对得又快又工整，他会很开心。有时候，也会出一些偏冷的句子让我对答，特别是在他研究了魏晋南北朝的诗文之后，我就基本不是他的对手了。为此，他很是得意。得意之后，免不了教训几句，还是"不要误人子弟"之类。祖父中风之后，这种游戏就很少进行了，偶尔，他会列几个书目给我，要求我给他买了来。渐渐的，就不再读书了，是因为他已经没有气力了。祖父的求学时代，正赶上了战乱，在那个颠沛流离的时代，他有极强的自学能力，他是个天生的语言学家，因为他只向老师学过俄语，却精通了日语、英语和德语。我的先生蓝健，因为工作性质和海港有直接的联系，加上英语讲得不错，成了祖父的忘年交，两个人经常关在书房里探讨码头港口泊位，先生因此也成了祖父的"粉丝"之一。

2000年，青岛九中建校100年校庆。祖父作为知名校友，被请参加学校的庆典活动。记得当时非常炎热，主宾、校友都是大汗淋漓。祖父已至耄耋，人胖，血压又不稳。作为礼宾接待人的我，"利用职务之便"，托人给坐在主席台前的祖父送去了阳伞和水。只见祖父前后张望了一下，礼貌地谢绝了，依然认真地听讲话，看演出。到最后，我也不敢告诉他是我派人送东西，不然的话一定又会被冠上"搞特殊"的"罪名"。

有一段日子，得知我走了行政之路，每次见面，祖父总是或多或少地流露出不解不满的样子。我知道，作为一个科学家，对从政的人总是有种说不清楚的"藐视"。他认为：先生就是先生，当了官，就一定不再是个好先生。直到有一天，父亲对他提起我，说最近获得了一个专业方面的奖励，他才释然。见到我，也爽朗了许多。说：一个好校长，必须先是一个好老师，不然的话，顶多是个政客。我连连称是。从此，见面以后的话题更为丰富，从学校的发展到国家的发展。由此我才更加知道，作为一个科学家，他对政治的领悟其实更为尖锐和敏感，只是在真理面前更为执着罢了。所以，他才会"吼出了天下第一声"，才会有了无数次上书，无数次据理力争。不唯上，不唯权，只认真理和事实。家人常说祖父的脾气像他的头发一样直，根根竖起，倔强得很，尖锐得很。

再后来，当了官，又有了自己的孩子，去祖父家的次数明显少了。每次见面没说几句话，看到我疲倦的样子，他就说：上你奶奶床上睡觉去。如果我真的睡去了，祖父会细心地关掉电视，放下门帘，关上门，轻轻地走到别的房间去。后来，我发现，对每个孩子，无论叔叔姑姑们还是我们这些晚辈，祖父都是那么热切地盼望着大家回来，而每次回来没说几句话，他都会撵着我们去睡觉。祖父对孩子们的爱，就是这样，冷静而细腻，执拗而深沉。正所谓大爱无言。

九中校庆以后，学校行政楼的一楼走廊，成了知名校友的展示长廊，祖父的照片被悬挂在那里。每次有人提起，我表面上都会很谦虚，心里却很虚荣。我总担心有人会说，我是沾了祖父的光，才有今天的发展。而如今，我几乎每天都要去那里转一转。每次从那里经过，祖父目光如炬，笑容如昨，给了我许多战胜困难的勇气和鼓励，使我能更加认真地工作和生活。我会在没有人注意我的时候，迎着祖父的目光，跟他说话，听他训导。我仿佛每次都能听到他在说：不要误人子弟。我要感谢祖父给了我一颗骄傲的心不随波逐流，感谢他给了我从容的血脉不蝇营狗苟，感谢他给了我坚定的信念不人云亦云，感谢他给了我睿智的思想不庸碌无为，感谢他给了我淡定的心灵不追功逐利。每当我想到我的脉搏里流淌着他的血，我都会热血沸腾，骄傲无比。

好久没有去鱼山支路18号了，那个居住着好几位值得尊敬的老人的院子。那里有隔壁马爷爷亲手种植的许多蔷薇和金盏花，还有几只非常可爱的小猫。那里，曾是老侯家四世同堂的家。每到周末假日，祖父不用挥手，我们就云集响应。

又逢冬至，应该回祖父家吃饺子的。如今，祖父不在了，家还在吗？祖父不在了，音容宛在，血脉永流，精神长存。

谨以此小文纪念我的祖父侯国本先生。

（侯芸，侯国本孙女）

附 录

附录1　序和书信

1993年，山东省人大常委会副主任兼胜利油田党委书记、东营市委书记李晔为侯国本教授《黄河海港》一书写的序言：

序

侯国本教授关于兴建黄河海港、治理黄河以及开发黄河三角洲的论述，已日益引起世人瞩目。

黄河是中华民族的摇篮，是中华文化的发祥地。我们的祖先在这片大地上曾经有过众多盖世无双独放异彩的发明创造，为推进人类文明作出过亘古长青的贡献；然而大河无航，临海无港，在社会发展的历史进程中，却使我们落下了时代的步伐！

国本教授弘扬中华文化，汲取中外治河经验，针对黄河特征，提出建设深水大港，治理黄河方略：大河之治必自河口始，挖开拦门沙；开发水沙资源，挖沙造陆、挖沙造田、挖沙降河，开辟航运，让黄河通往世界！此乃民族大业，人类壮举。他独具灼见，吼出天下第一声，并且像咆哮万里的黄河那样奔腾不息地呼吼着！

《黄河海港》一书，资料翔实，论据充分，博采众长，独辟蹊径，为建设大港，根治黄河奠定了坚实理论基础。大家知道，黄河海港是彭真同志题名，康世恩同志奠基，现在海港建设初具规模，河口治理始见成效。我坚信，经过长期艰巨努力，黄河三角洲必将建成油洲加绿洲，并逐步形成多功能的现代化的新经济区，为中华民族的繁荣昌盛作出应有的贡献！

国本教授治学严谨，立论务实，对历史负责，对民族负责。胸怀大海，人品为山，报效祖国，披肝沥胆，难能可贵！值《黄河海港》一书付梓之际，谨附片言以为序。

李　晔

一九九三年五月三十日

侯国本先生致党和国家领导人及省、市领导同志的部分信件

一、给国务院总理朱镕基的信函。

朱总理：您好！

在您日理万机之际，我来打扰您，心感不安。

青岛市政府建胶州湾跨海大桥的目的，是开发前港湾为国际航运中心，但是黄岛前湾水域面积只有24.6平方公里，不能布局成国际港，是不可持续发展的港址。一旦大桥建成后，这将是一大悲剧。希望总理派专家记者到青岛了解真实情况。

祝总理健康。

青岛海洋大学

侯国本

2000年11月3日

附件供参考。

此信也送给：国家发展计划委员会曾培炎主任；交通部黄镇东部长。

二、1998年11月22日给中共中央政治局委员、山东省委书记吴官正，山东省人民政府省长李春亭，山东省人大常委会主任赵志浩的信函。

该信函节选内容如下：

（一）今年我在韩国汉城、中国北京参加海洋会议，专家估计2050年渤海湾水位上升约90厘米（温室效应的关系）。黄河三角洲，地沉约30厘米，相对海洋水位上升1.2米，黄河三角洲大量投资（约1000亿人民币）在海拔高程3米上（黄海基准面），届时（2050年）三角洲的损失将是很大

的，专家们普遍认为这是一场危机。应该做好预报、防灾、减灾工作。

危机有转机，即利用水泵抽黄河水沙送到平原大水库，沉沙造地，清水利用，初期投2亿元人民币可持续发展，20～30年间每年造地5万亩，抽水20亿立方米，每亩地造价约3000元。若土地出租给农民，50年不变，每亩可出租1万元（1万元人民币/（亩·50年）），最高收入50亿元。若每年造30万亩，地价会更便宜，50年后三角洲可以抬高海拔6米，低洼碱地变成良田，海水上升的危机可以免除。200公里的防潮大堤也必须加固，危机免除，良田出现，永世之福。

问题在于造地每亩（由海拔3～6米）需要投入3000元，是胜利油田的经验，可以参考。买地一亩一万元，无法律依据。我与省人大法制室段主任咨询，他认为这是政府行为，通过一定的程序可以立法，三角洲的开发是大势所趋，外商企业、内商企业，都希望投资开发，都希望有法可依。

黄河二期工程，投入50亿元人民币，每年造30万亩，抽水100亿立方米，抽沙5亿立方米，可以持续发展50～80年。三角洲面积1.5万平方公里，计约2000万亩，尽是良田，防潮大堤得以加固，这一历史任务应该起始于当代。因为"挖沙降河""挖河固堤""淤临淤背""平原大水库蓄水沉沙造地"，这项良性循环的工程程序已被所有人所共识，黄河下游治理的关系，已经理顺了，黄河无防洪之忧。

（二）胶州湾青岛港，建成"华北国际航运中心"的建议。

国家发展计划委员会基础产业发展司委托我在现有的华北港口中推荐2～3个港口、港址，作为国家投资的重大基础工程的"华北国际航运中心"。

国际航运中心，主要条件是通航第4～6代集装箱船，年吞吐能力500万集装箱，可持续发展到1000万～1500万集装箱。我考虑了青岛港的条件，超过了以上的要求，我希望推荐青岛港，2000年国家组织专家论证，争取2001年施工。

这件事很重大，不但是工程技术问题，也是国家、社会、经济、发展、战略问题，届时会有一场大辩论。没有政府的支持是不行的，因此诚恳请求领导的指示，这件事（华北国际航运中心）我是否应接受委托，把胶州湾的资料贡献出来？

三、给中共中央政治局委员、山东省委书记吴官正，山东省人民政府省长李春亭，副省长宋法棠的信函。

该信函节选内容如下：

青岛科学界部分人士在传，青岛市决定筑建"跨海大桥"（青岛瑞昌路—黄岛），这件事如按原设计方案执行，对于青岛胶州湾的发展便是大灾难。因为跨海大桥原设计桥底净离水面（平均海平面）25～30米。这样会使具有10亿吨，1000万集装箱吞吐能力的胶州湾400平方公里水域，处于瘫痪状态，青岛将失去华北航运中心的地位。所以如此筑建跨海大桥，是不负责任的态度。

1995年通过了《胶州湾跨海大桥方案》，但是按我国"长江三峡工程"论证会惯例，个人可以以书面方式提出自己的看法。目前，绝大部分专家提出的意见是大桥净高至少50米，一部分专家还提出了船桥相撞的问题，所以建桥这样的大工程应由"人大"立法按程序论证。

青岛市决定筑"跨海大桥"，应汲取各方专家的建议，充分论证，对胶州湾未来发展负责，确保青岛市的"龙头"地位。

因此请山东省委、省政府、国家开发计划委员会、国务院都关心这件事。

四、1993年5月27日，侯国本和青岛市科协21人及青岛部分海洋专家对"青黄海上通道方案"给青岛市委、市政府的建议。

该信函节选内容如下：

5月7日上午，俞市长在听取"青岛至黄岛海上通道工程方案专家论证会"汇报后，提出就沧口水道及胶州湾环境评价问题想"再听听青岛海洋专家的意见"。根据这一精神，5月21日，市科协组织部分海洋专家进行座谈，与会的24名专家、学者和科技工作者畅所欲言、各抒己见，大家一致认为，俞市长的指示客观中肯，非常重要。尽早建成青黄跨海通道是功在当代、惠及子孙的百年大计，青岛兴旺人人有责，海洋科技界更应尽责尽力，为市领导献良策、进忠言。

现将与会专家建议报告如下，供市领导决策参考。

（一）架桥方案必须先摸清湾内地质的情况。有的地质专家"湾内地质平坦，没有问题"之说是不正确的。湾内港口断裂和年青断裂之间有一条5公里宽的胶莱盆地地质斜穿大桥桥址，是沿N40E随地壳变动从右面挤进来的"外来户"，基岩被10～20米厚的碎石覆盖，现在刚被地质界发现，目前尚不能断定其下破碎程度，建议确定建桥方案以前，首先进行地质勘探，摸清其性质及地震期活动性。

（二）通道方案选择应以环境质量评价为前提。5月7日的论证会缺乏环境质量论证的环节，是个单一的大桥工程论证会。专家们认为，这项工程相当于青岛的"三峡工程"，其相关因素太多，应当从青岛发展为现代化国际都市出发，对胶州湾的开发利用有个大致的规划，在此基础上来考虑青黄通道的问题，避免顾此失彼，甚至造成历史性的失误。

（三）沧口水道的资源优势不应忽视。湾内建25米净高的大桥方案，包括沧口水道（在大桥以北），200平方公里的水域。桥下只能通过万吨级以下的货船，不能通过250吨的浮吊、打桩船和工程抢险船。专家认为建桥后要保留胶州湾的功能，桥的净高应60～70米，这样又会带来引桥长度和坡度等其他问题，还要受到水上飞机场对高度的制约。如果净高定在25米，实际上就是断送了沧口水道的开发价值。

沧口水道，宽4公里、长30公里、深20～25米，不淤不冻，有3亿吨吞吐量的天然良港选址，其资源优势超过鹿特丹港。青岛是港口城市，要争取建成自由港、国际化城市，就要重视港口的作用。经济专家预言下世纪将是大陆桥经济的世纪。第二条欧亚大陆桥的贯通和亚太地区的经济腾飞，青岛港将起到东方桥头堡的重要作用。专家认为："沧口水道的使用问题虽然近期没有规划，即使我们这一代人不用，不等于子孙后代不用，方案的选择应为子孙后代负责。"实际上，随着经济的发展，沧口水道的开发利用为期不会很远。我市现在规划的港口的各期工程完成后，在下世纪初，总吞吐能力可达0.8亿～1亿吨，但山东省经济社会发展战略规划要求，青岛港的吞吐能力应达1.2亿～1.3亿吨，这就提出了新辟港口的要求。

近几年来，随着经济的发展，全国形成了港口大战的热潮。青岛港的优势相对逐年下降。吞吐能力虽排在第五位，但去年实际吞吐量只排第七，专家估计今年可能下降到第十。原因主要有两条：一是交通配套能力下降，货物进出困难；二是仓储能力下降，货场小且远。如果大力开发胶州湾内包括沧口水道的东、北部海岸，可建大批货场、仓库和货主码头群，配合环胶州湾公路和铁路的集散能力，问题得到解决，港口发展有了后劲，还能促进胶州湾及沿岸经济带的综合开发。

（四）湾内架桥的桥墩将占去水体交换界面的6%～7%，缩小了水体交换的口径，增加了水体交换的阻力，必然会减小交换量和交换能力，对胶州湾的排污能力有弊无益。专家们认为：这些桥墩相当于在胶州湾矗立了一排栅栏，对流场和水动力交换将产生影响，至于产生怎样的影响和产生什么样的后果，绝不是简单的6%～7%的数字关系，建议政府委托海洋科研单位作专题研究和物理模拟试验，再作决定。

（五）胶州湾是国内外闻名的避风良港。其锚地吸引着大批船舶在此避风、修整、装卸和过驳，其经济价值很可观。湾内大桥将横断胶州湾锚地，桥北2/3的水域过不去大船，迫使万吨级以上的船舶集中停泊在胶州湾口风、流较大的1/3水域。据统计，每年由于风、流作用，湾内停泊的船只跑锚上千艘次。为保证船舶安全，船只还要远离大港，以免跑锚相撞，这就更加缩小了锚地水域。而且，有跑锚就有相撞的可能，也为大桥安全带来了隐患。

（六）桥两端接陆点不尽合理。大桥西端的接陆点大石头，同时也是规划建设中的1500万吨石油城所在地，大桥接陆点还靠近一期油码头，将给油船通航带来一定影响。东岸接陆点也是工业密集区，都存在着工业布局和交通等方面的实际问题。大桥还有交通导向的作用，可能给两岸工业密集区造成新的交通压力。

此外，环湾公路、轮渡、大桥相对集中在城市的一侧，布局也不尽合理。

（七）会上专家们建议采用"桥洞结合方案"。即从太平角向西架一座长约2公里的低桥，再通过沉管法沉埋预制的双孔水泥管，经4公里的海底，西至薛家岛接陆。水泥管之间采用软弹性接头工艺，具有较好抗震性。两孔之间隔墙设有浮力调节水槽，使管道以较小的压力浮于碎石之上或埋于碎石之中，减小了过多的水下凿岩凿洞施工。该方案具有坡度小、工期短、投资少等许多优点。首先，它还可将青岛旧城的南部、东部新区和黄岛新经济区更直接、紧密地联系起来，有利于青岛的整体布局。其次，它为青岛新添一景观，可以沿桥建设许多旅游项目。专家们一致认为，这是一个多快好省、兴利除弊的好方案，建议市领导召开一次多方专家汇报，进行全面比较后再作决定。

至于投资问题，专家们建议，除吸引外资外，还可以采取黄河三角洲开发的做法，成立开发投资银行，据悉该银行已集资1000亿元。

五、1997年12月，给中共山东省委常委、青岛市委书记张惠来，青岛市人民政府市长秦家浩的建议函。

该信函节选内容如下：

（一）建议将青岛市海洋水温（风、风暴、流、浪、潮）观察站设在"千里岩"。

千里岩是离青岛市陆地较近的一个岛屿，约60公里，岛屿面积300亩，海拔高程70米～93米，环岛水深30米，地质为花岗岩、石英岩，土壤适于种植约20亩，井水可饮，日产水量1～2立方米，过去有陆军驻守，每月有后勤船只来往多次（现已撤离），起过良好的海事救护作用。附近海域面积有1万平方公里，水产养殖类丰富。飞禽、中药材种类繁多，史载秦朝徐福在岛上采集"长生药"。

岛屿是都市开发旅游、观光、度假的一个补充，韩国开发了济州岛，日夜班机百余架次，每年乘客百万人次。美国夏威夷（檀香山）开发了胃岛（Monosland）每10分钟一架飞机，每年旅客600万人次。

但是这些岛屿的周围，都没有千里岩周围的资源富庶，当然我所介绍的千里岩，是它的海洋科学研究价值，是其他岛屿所不能代替的，是唯一的。千里岩位于东经121°32′54″、北纬36°15′57″，北向控制浮山湾、女岛湾、田横岛湾、崂山湾、沙子口湾、胶州湾，西向控制唐岛湾、灵山湾、小口子湾、日照湾、岚山湾、海州湾。

现在的麦岛观测站，它的功能不足，位置不适当，资料不完整，覆盖面积窄。对青岛市的海岸线没有代表性，可以保留作辅助站。

（二）青岛市海岸港口建设应该按照《港口水文规范》（1974年交通出版社出版）进行重新修订。针对1992年16号热带风暴造成闽、浙、苏、鲁、翼、辽共损失100余亿元人民币（其中山东5亿元、青岛3亿元），青岛市委书记俞正声就提出来先制定一个地方用的规范，减灾防灾。

1997年8月20日一次小台风，青岛损失1000余万元。其中小港有一个旅游码头长30米、高5米的挡浪坝，一次涌浪使坝移位、裂断，导致了坝毁重建。俞书记再次要求青岛的专家们制定一项适应地方的暂用规范。

过去多次发生这类事件，一句"交学费了"，大家一笑了之。现在事故发生后，法院、保险公司、设计者、施工者、甲方都出场，请专家论证。1997年10月我在会上发言举例：1992年9月2日，16号热带风暴，麦岛波高5.9米，目测周期27秒，增水1.12米；北海船厂停泊16万吨巨轮，36毫米钢丝缆绳断裂；前湾码头面上水深1.5米，涌浪计算波能量和按规范用风浪计算波能量之比为12.5，所以涌浪控制设计有问题；波高5米，涌浪周期16秒，增水90厘米，前湾港码头面水深1.4米，涌浪波能量与按规范的波能量两者之比为4，所以涌浪控制设计有问题；青岛小港区的旅游码头，按规范中风浪设计，其安全性比涌浪相差4倍，毁坝是必然的。所以我说，每次台风、热带风暴，青岛必然遭到大的损失。

俞正声先生在离开青岛后仍关心青岛的规划和安全，令人敬佩。

六、1998年11月19日，给青岛市人民政府市长王家瑞的信函。

该信函节选内容如下：

我受国家发展计划委员会基础产业发展司王庆云司长的委托（曾培炎也知此事），在1999年推荐华北某一个港口作为"华北国际航运中心"（其他专家也有推荐任务），2000年由国务院主持会议进行论证。华北只能建一个国际航运中心。

我计划推选胶州湾青岛港为华北国际航运中心。为此特到济南征求省长、副省长、省人大常委会主任、省计划委员会主任的意见，他们都支持我为此作出贡献。若获批，此是山东之幸。

计委倪永康主任认为前湾港建矿石码头，干扰了山东省与国家计委的协议《日照港是国家的矿石煤炭港》《青岛港是集装箱港》，山东省港口布局及与陕、晋、豫煤炭矿石运输关系。

我推荐青岛港为华北国际航运港参加华北诸港口比选，事先没有机会与三市长交换意见，现在请王市长为此作出指示，为盼。

七、1999年5月28日，给中共山东省委常委、青岛市委书记张惠来，青岛市人民政府市长王家瑞的信函。

该信函节选内容如下：

见到1999年5月26日《中国时报》的报道，天津市在港口兴市方面已作了计划，跨过世纪，天津港的吞吐量将达8000万吨，集装箱140万标准箱。2001年，天津港的吞吐量1亿吨，集装箱500万标准箱。

大连市成立了港湾研究院，在建市50周年时，拿出一个胜于天津港的计划。

青岛市还要建跨胶州湾的大桥，这对于"以港兴市"来说等于"作茧自缚"，前湾港只有6个集装箱泊位，能兴市吗？

青岛的老港老化了，新港（前湾港）的港址不可能发展为国际港，如青岛市也要"以港兴市"，就不可破坏天然的资源。因为有胶州湾这样天然大港资源，建设大青岛自有后来人。

　　国务院决定自1999年10月1日起，实施《行政复议法》，未知青岛市对"胶州湾跨海大桥的决议"，是否可以设置复议程序。

八、1999年3月28日，致青岛市委、市政府的公开信：

关于胶州湾建跨海大桥问题的几点意见。

（一）关于如何看待专家评审会的问题。

　　市政府就建跨海大桥方案，1995年先后开过两次评审会，专家们都发表了自己的看法，签了字。评审会的意义在于让领导者听到专家各种不同意见，供决策参考。按照会议"有不同意见可以写书面材料"的要求，我写了不同意见的材料。我记得专家们的主要意见是：桥的净空高度要不妨碍胶州湾内大型船舶的通航；桩柱桥基，头重脚轻，不安全；建桥应考虑经济论证，要预测投资回报效率，提出微观效益与宏观效益的评估依据等。

　　（二）建跨海大桥必须保护胶州湾的港口功能。

　　胶州湾是世界上少有的可以建深水大港的湾区，是青岛市经济社会发展的命根子，所以港口功能是胶州湾多种功能的第一功能。其他各种建设，如果和港口功能发生矛盾时，都应该给港口功能让路。因此，建跨海大桥首先要考虑到桥的净空高度，不能妨碍大型船只进出胶州湾。如客轮"马利皇后"号，吃水面至船桅顶高72.3米，满载吃水11.6米；货船"喜马托亚"号，桅高67.2米，吃水10.8米。同时，建桥要从整体和长远的角度考虑，利于发挥胶州湾的港口功能，不能用前湾港20多平方公里的港口功能取代胶州湾400平方公里的港口功能。一个前湾港区怎么可能成为国际大港？这是明摆着的道理。

　　（三）建跨海大桥是重复建设，没有经济价值。

　　为了沟通青岛与黄岛的联系，已建了环胶州湾高速公路，开辟了轮渡。建桥后，车辆从桥上（包括引桥）通过的时间不会比从公路上通过的时间短多少，如果桥的净空高度达70米以上，还可能比公路通过的时间长。建桥以后，必然会损害公路、轮渡的经济效益和作用的发挥，而且会

把车辆大量地引到市南来，造成新的市内交通拥挤的严重后果。

（四）建跨海大桥要慎之又慎。

1994年新加坡总理李光耀来考察后，放弃了在黄岛的开发区投资意向，而转到苏州建工业园。李说："前湾港是地方港，开阔港不能发展成国际港。"开发区为什么没能拉动青岛经济？是交通问题吗？那么建了高速公路、开辟了轮渡，交通问题解决以后，又怎么样呢？今年政府工作报告关于发挥优势，努力使青岛港成为北方国际航运中心的目标一提出，为什么很快就深入人心？可见，黄岛、前湾的问题，不是交通问题，而是选址上失误的问题。面对已经投入巨资建设的开发区和前湾港，如何使它们更快、更大地发挥投资效益，这自然是全市人民为之反复思考的大事。

（五）是用建桥拉动开发区，还是用建港拉动即墨、平度、莱西、胶州各市？

这二者哪个投入小，哪个发展快、哪个经济拉动大，应该进行研究和论证。我认为，建设沧口水道大港，有利于振兴青岛的国际地位，开发城阳临港工业区，加大对即墨、平度、莱西、胶州各市的拉动力。

（六）青黄跨海大桥工程。

我估计前期工作需用三年时间，花两亿元，整个工程完工大约需10年时间，100亿元。所以这一工程，既不能体现当届政府的业绩，还可能给下届政府留下难题。

九、1999年12月，关于《青岛市城市总体规划（1995—2010）》（以下简称《规划》）问题给青岛市人大常委会的一封公开信。

该信函节选内容如下：

自十五届四中全会以来，人大常委会负有的历史责任更重了，即"依法建设社会主义法治国家成为治国方略"。早在1945年，毛泽东在延安回答黄炎培如何跳出兴衰"周期率"时，即明确指出了答案"就是民主"——"只有让人民来监督政府，政府才不敢放松。只有人人起来负责，才不会人亡政息。"

1978年，邓小平在《解放思想，实事求是，团结一致向前看》报告中说："一个革命政党就怕听不到人民的声音，最可怕的是鸦雀无声。"

封建社会都是以吏治国，它的特征是"民可使由之，不可使知之"。这样一个鸦雀无声的社会，终究逃不出兴废的"周期率"。因为人民无权监督政府，官吏以权为政，以言代征，贪污腐败，终究免不了灭亡。

要使人民监督政府，政府依法治国，人大代表、人大常委会的责任是很重要的，希望人大要肩负起时代的责任。

1.《规划》中提出建设以港口为主的国际综合交通枢纽，港区规划以前湾港区、黄岛油港区、大港区为主体，以沧口水道北港区等为辅港区。我认为《规划》把港口资源的关系倒置了，胶州湾的沧口水道李村河以北拥有1200万标准箱~2000万标准箱的世界名港的港址，必须重视。《规划》把前湾港区为主体，作为国际航运中心，前湾港区只有26平方公里的水域面积，能在此面积中建设出国际航运中心？

青岛市政府规划中，港兴市兴，市以港兴，正因为有胶州湾的港口资源，才成为"山东省的龙头"。因此，人大常委会就需要在胶州湾港口资源利用问题中，建立法律条例，让人民依法发言。

注：港口中枢、港口枢纽、航运中心是同义语都是以集装箱转运为主的国际港口。

2.《规划》提出"两点一环，青岛是一点，环胶州湾是一环，黄岛区，还包括了胶南市、胶州市为另一点"。我认为既然是政府的15年规划，只有胶南市、胶州市列入规划之内，而其他三市不予考虑，这是不平等行为。

3.《规划》提出"胶州湾建跨海大桥是一个形象工程"，此描述不当。

十、2000年10月7日，关于胶州湾跨海大桥问题致青岛市人民政府领导公开信函。

该信函节选内容如下：

1. 自1997年以来，青岛市人民政府多次提出跨海大桥建设方案，引起了青岛市有关学会、学术团体纷纷讨论。有的提出了建议信，反对跨海大桥建设方案，因为这样会损失了胶州湾沧口水道及红岛的港口资源。这些建议信，有的来自青岛，有的来自北京，有教授、专家、总工、院士，涵盖了教育部门、科研机构、交通部、铁道部、地矿部、经贸部等。

2. 这些信及论文主要分析了胶州湾建设北方国际航运中心的优越条件，包括沧口水道及红岛区域建深水泊位的情况，有2000万标准箱港口资源，符合第三代国际航运中心的条件，是一个可持续开发港区，而且是自上海到大连间唯一有这一优势的港址。

港兴市兴是青岛深入人心的口号，港口必须是国际的物资交流枢纽，即所谓集装箱货运中心，因为集装箱货运是含有高科技的商品，能够促进物流、金融流、科技人才流与世界市场接轨，青岛才可以成为国际大都市。要实现这个目标，就要在港口规划、港口建设、改善管理体制（政企分开）、完善临港工业布局、调整国际金融、发展国际市场、培养管理人才、改善第三产业、增加名牌产品等方面下功夫，让人感受到在青岛如在香港、东京、纽约的样子。只有做到这一步，才是国际大都市，但是它的起步来自国际航运中心。这是青岛的国际形象，单纯的跨海大桥起不到国际化形象的作用。

3. 黄岛前湾水域面积25.6平方公里（参考《青岛大百科全书》第289页），交通部规划的第三期前港湾工程，占海域面积22平方公里，其中集装箱泊位6个，每船载量5000TEU，这只是第四代集装箱，现在第六代集装箱，船载量8000～10000TUE，根本不能进入前湾港，把这样的港口说成是国际航运中心港，专家持异议，请市政府领导同志认真考虑专家的意见。

4. 胶州湾跨海大桥，阻碍了沧口水道这个优良港址的开发，同时桥墩建设在湾口的大旋涡区，旋涡是海水流动的低压区，诱发了泥沙淤积，因此大桥建成的时候，也是青岛港（前湾港及现在的大港）航道淤积的时候，100年优良深水航道必须经常挖沙才能维持通行，这也是生态破坏的一个标志。

建设隧道不破坏生态，不阻碍航道，不影响沧口水道的开发，而且造价低，几位院士（铁道部、交通部）的预算，单空四车道的隧道造价是32亿元，大桥造价是46亿元（六车道）。

请青岛市政府在大桥方案和隧道方案中作出慎重选择。

青岛前湾港的四大货运（集装箱、煤炭、矿石、石油），实际上后三者只有物资运输的作用，没有商品国际交流的作用。物资运输是地区性的运输，绝对不是国际化商品交流，因为它不产生国际经济一体化的交流、高科技的交流、国际金融的交流，只是单一化的物资运输。物资运输不属于国际航运中心的范畴。秦皇岛港每年运输煤炭1.2亿吨，但秦皇岛煤港不是国际航运中心。

附渡口旋涡图供参考（取自《胶州湾及邻近海岸带》，图2.2.10）。

十一、致青岛市计划委员会（针对1998第72号文）信函。

该信函节选内容如下：

谢谢贵单位的邀请，我计划于1998年4月6日去黄河考察，4月底回青岛。可能没有机会参加"青岛市更高水平发展研讨会"。提出以下意见，仅供参考：

1. 青岛市应明确指出，撤销"瑞昌路—大石头跨海大桥"的设想。（附与俞正声书记谈话稿，日本北海道濑户内海跨海大桥"立法"访问稿）。

2. 青岛市应在城阳附近（原车站扩建）设第二口岸（第二门户，港口、火车、汽车），以减轻市南区交通的压力（大都市都有三个口门）。开发第三代城市——棘洪滩，城阳，胶县。开创板块经济区、创造工业区，创造就业机会。

3. 青岛市应在"国际五大动力机械"（汽车、飞机、轮船、火车、民用建筑和矿山机械）中发展其一、其二，以便与世界高科技比高低。

4. 青岛的信息产业落后（通讯、计算机、密码释译、信息防盗……）

5. 青岛市盐化工业仍走盐块原料的老路，黄河三角洲有5000亿吨高浓度卤水未见开发。

6. 青岛水资源应走截潜流的方案，支持大沽河、李村河截潜流，走农业生态化的道路。

7. 青岛市没有污水复用，建筑用水也是自来水，洗汽车、灌草坪也是自来水。

8.胶州湾水文地貌情况解释：

（1）图1是胶州湾水深图（1938～1943年日本人实测），1948年青岛观象台整编。团岛水道水深40～60米，标志▲，此时黄岛为孤岛，胶州湾内有环流。

（2）图2是1993年中科院海洋所实测团岛水道水深35米，比1948年淤积5米。原因（a）黄岛联陆，胶州湾往复流（湾内往复流，湾外有沙洲）；（b）前港湾与鲁迅公园的礁石间，有波浪反射，形成团岛水道淤积。

（3）图3是胶州湾的锚地，与跨海大桥，有"船桥互碰"的矛盾，在1938年的台风中，胶州湾有3只万吨轮进入了辣洪滩。

（4）图4是胶州湾的基岩深度，在沧口水道为15～20米，深入大港的标志。

（5）图5是胶州湾跨海大桥平面图，限制了沧口水道。

（6）图6是胶州湾跨海大桥方案图，支撑桩，不符合海洋工程的沙质地基。（a）沙质地基埋深不足（15～20米）；（b）海洋生物的污蚀，会使摩擦桩变成支撑桩。结构埋深与上层结构高度比失调（d-土层埋深厚度，h-土层到桥底面高，$d/h<1$）。

（7）沙质海岸海洋生物污蚀深度大于50～100米，摩擦桩变为支撑桩。

（8）日照煤炭港、青岛油港，均采用桥墩式基础。（a）青岛油港第一期油港支撑桩发生了事故；（b）参考日本濑户内海新干线的桥墩设计，并购置日本的施工设备。日本的立法《毁船保桥》（日本的桥墩50米直径，但日照煤炭港及青岛油港的桥墩14米直径，因为日照、青岛的桥下不过船）。

（9）上图为海洋生物污蚀。下图为过船桥墩的参考图。青岛的锚地与跨海大桥在强台风的作用下会出现危险。

（10）现在的环胶州湾公路——青黄公路，负载尚不满足。轮渡还可以再开辟几条航线。

（11）青岛市口门应设在沧口（第二口门），因为主要交通线都在北部，如胶济铁路、蓝烟铁路、青黄公路、青烟公路、青济公路等。交通的重心应北移。

附录2 侯国本年谱

1919年1月25日 出生于山东省即墨县金口镇侯家滩村。

1932~1937年 即墨县立考院街小学读小学。

1936年 与宋淑英女士结婚。

1937~1940年 即墨信义中学（现即墨一中）读初中。

1940~1943年 青岛礼贤中学读高中。

1943~1947年 国立西北工学院水利工程系读大学。

1947年 水利部（南京）实习员。

1948年 国立山东大学（青岛）土木系助教。

1950年 参加山东大学土木系治淮工作队。

1952年 院系调整，青岛工学院水利系讲师。

1953年 获"一定要把淮河修好"纪念章。

1956年 院系调整，西安动力学院水利系讲师，参与组建水力学实验室。

1957年 院系调整，西安交通大学水利系讲师。

1958年 在黄河三门峡水电站截流工程中，提出的"管柱截流法"截流方案被采用，完成"腰斩黄河"之举。

1964年8月 受赫崇本之邀，调任山东海洋学院海洋系讲师。

1970年 组建山东海洋学院海洋动力实验室。

1978年3月18日 出席全国首届科学技术工作大会，海洋动力实验室获"重大贡献集体奖"。

1978年3月 联名呈书国务院，在《关于在连云港或石臼所建设深水大港的看法》的报告中，阐明山东日照的石臼所是深水大港的良好港址。

1978年5月 山东海洋学院副教授。

1978年5月 获青岛市革命委员会重大贡献奖。

1978年7月 青岛市第八届人民代表大会代表。

1978年11月　山东海洋学院海洋工程动力学研究室主任。

1978年12月24日，和王涛联名上书中共中央副主席李先念，力主在山东日照的石臼所建设深水大港。

1980年　晋升山东海洋学院教授。

1980年10月　中国高等院校海洋科学考察团成员，访问日本。

1982年1月　《离岸工程》编委。

1982～1986年　《海洋通报》编委。

1982年　参与创办《海岸工程》季刊，副主编。

1983年4月　青岛市第九届人民代表大会代表。

1983年4月　山东省第六届人民代表大会代表。

1983年7月　中国海洋湖沼学会常务理事，副理事长。

1983年10月　组建河口海岸带研究所，赫崇本先生任所长，侯国本任副所长。

1984年2月13日　中共中央总书记胡耀邦在东营接见了侯国本，听取关于在东营建设黄河海港、稳定河口流路及黄河三角洲开发的汇报。

1984年11月　教育部批复同意增设港口航道与海岸工程专业。1985年秋季该专业正式招收本科生。

1984年　联名侍茂崇、崔承琦、沈育疆、沈谓铨等人撰写了《黄河三角洲无潮区深水港港址可行性研究报告》，提出在黄河三角洲无潮区可建深水港的论证。1985年12月，该报告获山东省教育厅理论成果论文二等奖。

1985年3月　石油部批准在东营建2万吨泊位码头。彭真委员长亲笔题名"黄河海港"，现名为东营港。康世恩副总理亲临奠基仪式。

1986年　轴流式水泵集水池水力学模型试验研究成果，收入交通部《干船坞设计规范》第2.3.36～2.3.42条目，人民交通出版社。

1986年　出席太平洋海洋科学技术大会（PACON），总部设在美国夏威夷大学。理事，是中国最早的参会者。

1986年6月　费孝通、钱伟长、姜春云主持召开了由200多专家参加黄河三角洲开发论证会，一致赞同侯国本提出的"挖沙降河"方案。

1986年10月　山东省教育厅教师职务高级评审委员会第一届学科评议组成员。

1988～1992年　第七届全国人民代表大会代表。

1988年8月　山东省国际文化交流中心理事。

1990年　出席太平洋海洋科学技术大会（PACON），日本东京。理事，中方主席。

1990年　入选美国ABI（The American biographical institute inc.）编撰的《世界名人录》。

1992年　退休。

1992年6月　出席太平洋海洋科学技术大会（PACON），美国夏威夷。理事，中方主席。

1993年4月　夫人宋淑英因心脏猝死去世。

1993年5月　黄河三角洲经济社会发展研究会，常务理事。

1993年6月　太平洋海洋科学技术大会（PACON），中国北京。授予侯国本"海洋服务奖"（OCEAN SERVEICES AWARD）。

1993年10月　获国务院政府特殊津贴。

1994年6月　入选《中国专家人名辞典》，卢嘉锡任名誉主编。

1994年8月　中国太平洋学会成立，任理事。

1994年　在青岛市政府组织成立的胶州湾规划委员会会议上，提出"先规划、后立法、再开发"的原则性意见。

1995年12月22日　国务院下发131号文《国务院关于同意山东东营港对外国籍船舶开放的批复》。1997年东营港作为一类口岸对外开放。

1998年6月　出席太平洋海洋科学技术大会（PACON），韩国汉城。理事，中方主席，终身会员。

2007年2月15日　因突发心脏病，抢救无效，在青大附院急诊室去世。享年89岁。

2010年　入选钱伟长院士任总主编的《二十世纪中国知名科学家学术成就概览》。

（2018年11月侯永海校订）

附录3　侯国本主要著作

1. 侯国本，卢丽生.轴流式水泵集水池水力学模型试验研究[J].山东海洋学院学报，1980（3）：1-12.

2. （英）哈勒姆（M. G. Hallam）等；海洋建筑物动力学[M].侯国本等译.北京：海洋出版社，1981.

3. 侯国本，卢丽生.轴流式水泵集水池水力学模型试验研究报告[J].海洋通报，1982（3）：60-76.

4. 侯国本.管式透空防波提试验研究[J].海岸工程，1982（1）：1-8.

5. 钟礼英，侯国本，曾恒一，梅孝恒.用矢量法计算三维框架结构物的总体波压力[J].海岸工程，1983（1）：1-9.

6. 侯国本，景升奇，谢世楞，顾民权，许振沂.浮山湾波浪折射、绕射的模型试验研究[J].海岸工程，1983（1）：60-67.

7. 侯国本，李春柱，张就兹，孙学信.石臼港引桥墩柱受波浪力的模型试验研究[J].港口工程，1983（2）：69-72.

8. 任美锷，侯国本.黄河三角洲和黄河下游平原整治的初步设想[J].海岸工程，1984（1）：1-4.

9. 侯国本.黄河口三角洲过去、现在、未来的展望[J].海岸工程，1984（1）：5-9.

10. 任美锷，侯国本.试论黄河口三角洲开发的方针[J].海岸工程，1984（2）：5-6.

11. 侯国本.黄河三角洲开发战略的设想//我国海洋开发战略研究论文集[M].国家海洋局，中国海洋学会，1985：209-210

12. 侯国本.开发黄河三角洲[J].海洋开发，1986（2）：15-16+21.

13. 侯国本.胶州湾的综合开发利用[J].海岸工程，1986（3）：5-7.

14. 侯国本.动力海洋学模型试验//中国大百科全书·大气科学、海洋科学、水文科学卷[M]. 北京：中国大百科全书出版社，1987.

15. 侯国本. 环渤海湾经济区港口的类型及其开发的展望[J]. 黄渤海海洋，1988（1）：19-23.

16. 侯国本. 斜坡式防波堤设计波高的分析[J]. 海岸工程，1988（2）：1-9.

17. 侯国本. 龙口港具有深水港大港的条件——兼谈山东省港口布局与黄河流域经济发展的关系[J]. 海岸工程，1988（3）：67-74.

18. 侯国本，丁东，董吉田，丰鉴章. 龙口湾深水大港[M]. 北京：海洋出版社，1990.

19. 侯国本. 促进黄河流域经济社会发展的三点建议[J]. 海洋与海岸带开发，1990（2）：62-64，61.

20. 侯国本，丁东. 滨海平原海水地下入侵及其治理措施[J]. 海洋与海岸带开发，1990（3）：69-71，78.

21. 侯国本. 黄河三角洲水土资源综合开发的建议[J]. 海洋与海岸带开发，1990（4）：73-75.

22. 侯国本. 黄河口流路进入良好时期——挖沙降河应与减沙入海并重[J]. 海岸工程，1991（3）：25-31.

23. 侯国本. 曾呈奎教授与中国海洋科学//徐鸿儒. 纪念曾呈奎教授从事海洋科学工作60年[M]. 济南：山东省地图出版社，1991.

24. 李春柱，徐宏明，侯国本. 青岛汇泉湾浴场部分海滩溃蚀及治理的初步探讨[J]. 海岸工程，1992（1）：26-31.

25. 侯国本. 黄河口现在的海洋动力条件良好有利于综合性治理[J]. 海岸工程，1992（2）：30-31.

26. 侯国本，侍茂崇，王涛. 东营港[M]. 北京：海洋出版社，1993.

27. 侯国本，刘世岐，丁东，刘学先. 胶州湾港口功能[M]. 北京：海洋出版社，1993.

28. 侯国本，李吉土，丁东，刘学先. 日照港群[M]. 北京：海洋出版社，1996.

29. 侯国本，丁东.开发黄河下游的资源——"水与沙"问题[J].海岸工程，1996（2）：15-18.

30. 侯国本.黄河山东段应取消农业引黄大水漫灌//黄河断流与流域可持续发展——黄河断流生态环境影响及对策研讨会论文集[M].北京：中国环境科学出版社，1997：157-160.

31. 侯国本，丁东.挖沙降河与黄河的治理[J].海岸工程，1997（4）：15-19.

32. 侯国本，丁东.黄河口减沙与流路稳定[J].海岸工程，1998（1）：53-55.

33. 侯国本，张保民，刘世岐，高振华，孙振尧，刘学先，董吉田，孙斌.胶州湾建跨海大桥可行吗?[J].海岸工程，1998（3）：24-27.

34. 牛纯，侯国本.黄河下游防洪堤坝加固试验[J].海岸工程，1998（3）：72-73.

35. 侯国本.黄河下游农田灌溉的出路[J].海岸工程，1998（3）：74-65，88-41.

36. 侯国本.黄河的治理与开发[M].青岛：青岛海洋大学出版社，1999.

37. 孙斌，侯国本.把青岛港建成华北国际航运中心[J].发展论坛，1999（6）：26-27.

38. 侯国本，拾兵.治黄河论[M].北京：海洋出版社，2001.

39. 侯国本.需要再一次改建黄河三门峡水库才能达到"两个确保"//陕西省三门峡库区防洪暨治理学术研讨会论文选编[M].郑州：黄河水利出版社，2000：60-62.

40. 侯国本，戴全宝，章西莉.发挥三门峡水库的优势，为黄河、渭河下游的进一步治理创造条件//陕西省三门峡库区防洪暨治理学术研讨会论文选编[M].郑州：黄河水利出版社，2000：267-275.

41. 侯国本.重开胶莱运河——净化渤海振兴水产业[J].海岸工程，2000（2）：58-68.

42. 侯国本，刘学先，牛承章.青岛定位国际城市的依托——国际航运中心[J].海岸工程，2000（3）：46-49.

43．侯国本.黄河之治必自河口始[J].海岸工程，2000（4）：1-4.

44．侯国本.关于《东营港内航道淤积问题》一文的讨论[J].海岸工程，2001（3）：74-75.

45．刘学先，侯国本.青岛国际航运中心构想[J].海岸工程，2003（1）：79-85.

（2018年7月侯永海校订）

参考文献

［1］侯国本.胶州湾的综合开发与利用[J].海岸工程，1986（3）：5-7.

［2］侯国本，侍茂崇，王涛.东营港[M].北京：海洋出版社，1993.

［3］侯国本，李吉，丁东，等.日照港群[M].北京：海洋出版社，1996.

［4］侯国本.黄河的治理与开发[M].青岛：青岛海洋大学，1999.

［5］侯国本，拾兵.治黄河论[M].北京：海洋出版社，2001.

［6］张静.中国海洋大学大事记[M].青岛：中国海洋大学出版社，2014.

［7］江玉民.青岛民盟六十年[M].青岛：青岛出版社，2010.

［8］丁东.敢吼天下第一声[M].青岛：青岛出版社，2008.

后　记

近年来，中国海洋大学出版社以"特色立社，文化引领"为宗旨，策划推出了"中华海洋学人系列丛书"，《传奇教授侯国本》是第二本。本书的成书过程，是在海大出版社的全程组织和指导下进行的。

侯国本先生在日照港、东营港和胶州湾大桥等大型工程选址建设过程中所展现的耿直不屈、坚持真理的故事广为传颂。中国海洋大学校报曾刊发过侯老的文章，我在校报工作，因而曾和侯老多次相见，而且几次聆听过他谈胶州湾大桥选址的事情，拳拳报国之情给我留下了很深的印记。所以，现在为这样一位著名海洋工程专家立传，实则是一次精神洗礼，写作过程中内心总是被侯老的言行所打动，有时甚至情动于中，不能自已。付梓之际，回想起来，参与了这本书的撰稿工作，感到颇受教益，而且必将受益终生。

本书的第一作者侍茂崇教授是山东海洋学院海洋系20世纪50年代的高才生，毕业留校后从事浅海海流动力学的科研与教学工作，素有"拼命三郎"的雅号，不仅在专业上成就卓著，而且是一位知名的科普作家。他是和侯国本先生工作上合作时间最长的人，事业上两个人相互支持相互帮助，结下了很深的友谊。侍茂崇教授对侯先生的人格极为推崇，对侯老很尊重，视侯老为良师为前辈。他最了解侯老，最懂得侯老的内心世界，也是侯老最信赖的人。

侯老晚年的时候，侍茂崇教授就曾说过，要为他写传记，让后人了解一个真正的侯国本。写这本书的时候，侍茂崇教授已经是一位年逾八旬的老人，而且因为心脏问题住院做过手术，但为了兑现内心的那个承诺，